马克思主义简明读本

解读辩证唯物主义

丛书主编：韩喜平
本书著者：郭 欣

编 委 会：韩喜平　邵彦敏　吴宏政
　　　　　王为全　罗克全　张中国
　　　　　王 颖　石 英　里光年

吉林出版集团股份有限公司

图书在版编目（CIP）数据

解读辩证唯物主义 / 郭欣著. —— 长春：吉林出版集团股份有限公司, 2013.1
（2019.2重印）
（马克思主义简明读本）

ISBN 978-7-5534-1156-9

Ⅰ.①解… Ⅱ.①郭… Ⅲ.①辩证唯物主义—青年读物②辩证唯物主义—少年读物 Ⅳ.①B02-49

中国版本图书馆CIP数据核字(2012)第291642号

解读辩证唯物主义
JIEDU BIANZHENG WEIWU ZHUYI

丛书主编：韩喜平
本书著者：郭　欣
项目策划：范中华　徐树武
责任编辑：陈　曲
出　　版：吉林出版集团股份有限公司
发　　行：吉林出版集团社科图书有限公司
电　　话：0431-86012746
印　　刷：北京一鑫印务有限责任公司
开　　本：710mm×960mm　1/16
字　　数：100千字
印　　张：12
版　　次：2012年12月第1版
印　　次：2019年2月第3次印刷
书　　号：ISBN 978-7-5534-1156-9
定　　价：29.70元

如发现印装质量问题，影响阅读，请与出版方联系调换。0431-86012746

序　言

习近平总书记指出，青年最富有朝气、最富有梦想，青年兴则国家兴，青年强则国家强。青年是民族的未来，"中国梦"是我们的，更是青年一代的，实现中华民族伟大复兴的"中国梦"需要依靠广大青年的不断努力。

要提高青年人的理论素养。理论是科学化、系统化、观念化的复杂知识体系，也是认识问题、分析问题、解决问题的思想方法和工作方法。青年正处于世界观、方法论形成的关键时期，特别是在知识爆炸、文化快餐消费盛行的今天，如果能够静下心来学习一点理论知识，对于提高他们分析问题、辨别是非的能力有着很大的帮助。

要提高青年人的政治理论素养。青年是祖国的未来，是社会主义的建设者和接班人。党的十八大报告指出，回首近代以来中国波澜壮阔的历史，展望中华民族充满希望的未来，我们得出一个坚定的结论——实现中华民族伟大复兴，必须坚定不移地走中国特色社会主义道路。要建立青年人对中国特色社会主义的道路自信、理论自信、制度自信，就必须要对他们进行马克思主义理论教育，特别是中国特色社会主义理论体系教育。

要提高青年人的创新能力。创新是推动民族进步和社会发展的不竭动力，培养青年人的创新能力是全社会的重要职责。但创新从来都是继承与发展的统一，它需要知识的积淀，需要理论素养的提升。马克思主义理论是人类社会最为重大的理论创新，系统地学习马克思主义理论有助于青年人创新能力的提升。

要培养青年人的远大志向。"一个民族只有拥有那些关注天空的人，这个民族才有希望。如果一个民族只是关心眼下脚下的事情，这个民族是没有未来的。"马克思主义是关注人类自由与解放的理论，是胸怀世界、关注人类的理论，青年人志存高远，奋发有为，应该学会用马克思主义理论武装自己，胸怀世界，关注人类。

正是基于以上几点考虑，我们编写了这套《马克思主义简明读本》系列丛书，以便更全面地展示马克思主义理论基础知识。希望青年朋友们通过学习，能够切实收到成效。

韩喜平
2013年8月

目 录

引 言 / 001

第一章 认识世界的智慧之光：马克思主义哲学 / 003

第一节 什么是哲学 / 004

第二节 什么是马克思主义哲学 / 008

第三节 为什么要学习马克思主义哲学 / 015

第二章 仰望星空的探索：世界的本质是什么 / 023

第一节 什么是物质 / 024

第二节 意识是如何产生的 / 035

第三节 多样世界的共同点是物质 / 053

第三章 联系和发展：世界是怎么样运转的 / 062

第一节 世界是普遍联系的 / 062

第二节 世界是永恒发展的 / 067

第三节 发展的三大基本规律 / 072

第四章 能动的实践：人是如何认识和改造世界的 / 103

第一节 实践的本质 / 103

第二节 什么是认识 / 109

第三节 认识是如何产生和发展的 / 119

第四节 实践是检验真理的唯一标准 / 141

知识链接 / 148

引　言

　　人们学习哲学，需要努力拨开许多习以为常的心灵迷雾，方能点燃智慧的火种。哲学是一种让心灵不断提升的历程，成长的喜悦如人饮水，生命的每一刻都会展现不同的意义。在2500年前哲学的诞生时期，希腊哲学家柏拉图便将哲学描述为一种发现的历程："唯有从幻觉与谬见的洞穴中走出，方能照见知识与真理之光。"人有时会怀疑自己不了解的东西，哲学入门者或许一时无法体会柏拉图的洞见，但至少不该妄自菲薄。只要具备理性，皆能从哲学中得到鼓舞，充分发挥自身的批判思考能力。放轻松，好好享受这趟心灵提升之旅，慢慢欣赏沿途的景色，相信你一定会流连忘返。

　　还有人记得每个"第一次"吗？有些事情似乎无关紧要，甚至连想也不会想到。有些事情却深深地刻在记忆中，每每想起，令人唏嘘不已。在成长的过程中，许许多多值得纪念的事件会不断地在生命中留下印记，这些事都会给日常生活模式带来一些改变，或许是生命的转折点，也或许只是一段美好的回忆。开始接触哲学后，日常生活会因而偏离常轨，最后发现"从此一切都不同了"吗？现在还不知道。不过，可以肯定的是，它不是标志人生进入新阶段的重大事件，更不需要什么入会仪式。这是否意味着哲学对年轻人来说过于平凡无奇，还不如吃喝玩乐有趣呢？有可能。但是，就算你还年轻，生命也不只是感官享受，在熙来攘往的浮华中，依然可以坐下来冷静思考，用稍微严肃认真的态度面对生活。人生不如意的事十之八九，知道这件事并不会让你万念俱灰。年轻并不代表没有深思熟虑的能力，更不表示不能采取批判性思考或是对某些事保持超然的缄默立场。如果有个东西能满足你的好奇心，又能让你学习承担更多责任，何乐而不为？

第一章

认识世界的智慧之光：马克思主义哲学

哲学通常离不开清晰明了的思维以及有责任感的体悟，虽然不具有任何宗教或远古神秘色彩，但是与许多事物相比，所能激发的热情与感动却有过之而无不及。

如果哲学是个锅子，那么煮出来的东西好不好吃，就看你放了什么进去。一是必须培养一种批判性的超然态度，二是要运用理性谨慎思考，让心灵变得更加敏锐。这些都是值得考虑的事情。当然，哲学也并不是让你变得无所不能的万灵丹，但也不会给你带来麻烦，或是毁掉你的生活。进行哲学思考无须将生命截然二分，它不是那种"非一即零"的东西。哲学教授不是宣扬救世或赐予神奇力量的主教或大祭司，就算真的遇到这类人士，保持怀疑态度也是一种很好的哲学训练。

第一节　　什么是哲学

　　哲学究竟是什么。有些字词的意义清楚而直接，像"樱桃"很明显是一种水果，"摩托车"则是一种交通工具。就算有些字词稍微抽象，例如课程表上写着"英文"或"物理"，我们也马上知道，"英文"就是要上英文课学习英文，在"物理"课上则会学到和物质世界有关的各种定律与特性。然而，如果是哲学课，我们会知道要做些什么或学些什么吗？不见得。哲学课独具一格，没有任何一门学科比得上它所散发的神秘感。为何会这样？"哲学"这个词究竟指的是什么？它能带给我们什么样的联想？

　　"哲学"这个词用得很广，有些场合很适用，有时则根本是错用，反而让人产生误解。很多情况只要用到"哲学"，似乎就变得冠冕堂皇起来。对于"哲学"这个词的复杂与深刻意义，有必要进一步加以检视。哲学的英文单词"Philosophy"是个"合并字"，要从字源谈起。一旦探讨字源，有两件事就会立刻浮上台面：第一，这个字是从古希腊承袭而来；第二，它的字源具有明显的启发性。

　　"哲学"这个词源于公元前5世纪的希腊，这件事值得注意，欧几里得几何学和民主政体的概念也都源于这一相同的地区与时代。哲学与精密独立的科学同时诞生的时期，恰好也是普通大众对神话的情感日渐式微、在政治上要求推翻专制政体的年代，这些因素彼此不能说没有关联。哲学、科学与民主政体的铁三角有其历史渊源，只不过到了今天，这种关系变得非常脆弱：放眼全球，独裁政权依旧存在，各类迷信与狂热信仰分子也不乏其人。

至于"哲学"的字源，其实一点也不神秘，它的意思就是爱知识或爱智慧。英文单词也有很多以"philia"结尾的单词，例如"zoophilia"（爱动物）等。严格说来，这些字不算是我们常说的那种爱。然而，爱的对象一旦转向"智慧"（sophia），肮脏卑贱的那一面就消失无形，进而展现出更高尚的理想境界，追寻美好良善的生活。然而，"智慧"这个词可以正确传达希腊人所谓的"Sophia"吗？

在今天这个时代，"智慧"这个词显然有点过时，因为"智慧"已经不恰当地成为过度谦虚与追求中庸之道的象征。我们知道，知识本身通常具有抽象和专业的一面，"Sophia"那种"完美的均衡"似乎不单是"智慧"一词所能涵盖的。"Sophia"可以说是美好高尚的生活之道，这也是古希腊贤人与那些最早期哲学家追求的目标。现在才就读于他们创立的哲学学校会不会太晚？当然不会。认识也离不开哲学，但究竟什么是哲学，至今仍是一个争论不休的问题。在所有的哲学问题中，"什么是哲学"是一个极大极难的问题。所以，了解和把握哲学的性质和特征、哲学的研究对象和基本问题，是学习马克思主义哲学必须首先解答的问题。

一、对哲学的理解

哲学是一门特殊的学问,是与通常局限于某种具体对象的知识体系不同的学问。在汉语中,"哲"是聪明的意思,在希腊文中则意味着爱智慧,所以,按照字义解释,哲学是一门使人聪明、启发智慧的学问。然而,这并不足以表明哲学的实质。哲学作为一门学问,是同人们的世界观联系在一起的,是人们世界观的理论表现形态,或者说,是理论化、系统化的世界观。

所谓世界观,就是人们对于生活于其中的世界以及人与世界关系的根本观点、根本看法。人类从诞生之日起,为了自身的生存和发展,时刻都需要同周围的现实世界打交道。为了获得生存所必需的衣、食、住等物质资料,就必须进行变革自然界的生产活动。在这个过程中,人们不仅要认识周围的自然界,也要逐渐积累对自己同自然界之间关系的认识。人们在实践中就是凭借这些认识向自然界索取人类所需要的一切的。开始,人们只是对个别的具体事物有所认识,久而久之,这种认识逐渐丰富并连贯起来,就形成了对诸如人类同周围世界的关系,包括世界的本质,世界上各种事物之间的联系,人在这个世界上的地位和作用等问题的看法。这些根本的观点、根本的看法就是世界观。任何一个健全的成年人都会在其生活实践的过程中形成一定的世界观。然而，这种自发形成的世界观是不系统的，缺乏理论的论证和严密的逻辑性。哲学是通过一系列特有的概念、范畴和系统的逻辑论证而形成的思想体系，所以是系统化、理论化的世界观，是以总体方式把握人与世界关系的理论体系。理论形态的世界观同人们自发形成的世界观是不同的。人人都有自己的世界观，但这不等于说人人都有哲学思想，个个都是哲学家。知道水遇热蒸发会变成气体，遇冷凝固变成固体，这是生活常识，从中引出质量互变规律以及防微杜渐的道理，这才是哲学；知道物理学中有作用与反作用，化学中有化合与分解，生物学中有同化与异化，数学中有微分与积分，这是科学知识，从中引出对立统一规律以及"万物莫不有对"，这才是哲学。人们要把握作为世界观理论体系的哲学，就需要通过自觉的学习和实践。

二、哲学的基本问题是思维与存在

人类进行的一切活动始终是认识世界和改造世界，而在这一过程中，人们必须处理自己的思维与外界事物的关系问题。而且只要人类存在着，就不可能回避这个问题。这是思维与存在的关系问题成为哲学基本问题的最根本原因。

从哲学体系内部的结构来看，哲学本来就是为了探求思维与存在的关系问题才产生的，正是为了解决这一问题才涉及其他许多问题，从而构成内容丰富的各种哲学体系。

认为思维能够认识存在的哲学，都是可知论；认为思维不能认识存在的哲学，都是不可知论。绝大多数哲学是可知论，如唯物主义哲学是可知论，彻底的唯心主义哲学也是可知论，而不彻底的唯心主义哲学是不可知论。对哲学基本问题的两个方面的相反回答形成了唯物主义和唯心主义、可知论和不可知论的斗争。除此之外，还有贯穿于这两个方面的辩证法与形而上学的对立。在前者看来，世界是各种事物相互依赖、有机联系的整体，没有孤立的事物，任何事物都是运动、变化、发展着的，都有发生、发展和灭亡的过程，没有永恒不变的事物，而事物发展变化的根本原因是事物内部的矛盾。后者认为世界是彼此孤立的事物的堆砌，事物是永恒不变的，至多只有数量的变化而没有实质的变化，事物内部也没有矛盾。因此，辩证法用全面的观点、普遍联系的观点、发展变化的观点来看问题，而形而上学用片面的观点、孤立的观点、静止的观点看问题。为什么不是别的问题，而恰恰是思维与存在的关系问题才是哲学的基本问题呢？这是由人类活动的性质和哲学的性质决定的。

第二节　什么是马克思主义哲学

哲学体系往往以哲学家个人的名字命名，但它并非仅仅属于哲学家个人。康德哲学不仅仅是康德的哲学，更重要的是属于他的时代。每个哲学体系都有自己的"个性",但这种"个性"是受时代制约的。法国启蒙哲学明快泼辣的"个性",德国古典哲学艰涩隐晦的特征,存在主义消沉悲观的情绪,离开它们各自的时代背景都是无法理解的。从根本上说,任何一种哲学思潮、哲学体系都是时代的产物。马克思主义哲学也是如此。马克思主义哲学是19世纪中叶社会发展的必然产物,它在科学实践观的基础上实现了对旧哲学的全面清算和批判继承,使唯物主义和辩证法、唯物主义自然观和历史观达到高度统一,使科学性和革命性达到高度统一。马克思主义哲学的这一基本特征,充分表明了哲学史上这一革命变革的实质和意义。

黑格尔对哲学与时代的关系发表过深刻的见解,即"哲学并不站在它的时代以外,它就是对它的时代的实质的知识"。"每个人都是他那时代的产儿。哲学也是这样,它是被把握在思想中的它的时代。"马克思和恩格斯都赞同黑格尔的这一深刻见解。哲学思维是一种高度抽象化和理论化的思维,具有思辨性特点;哲学使用的普遍范畴和概念往往造成哲学只是在精神王国中驰骋的假象。实际上,从哲学体系产生的背景以及它的内容和价值取向上看,哲学是非常现实的。哲学似乎高耸于天国,可哲学家仍然生活在尘世之中,由哲学家们创造的哲学体系,不管其外表如何抽象,都离不开哲学家所处的时代。哲学不是没有激情、没有冲动、没有爱憎的、平静的、苦思冥想的结果,恰恰相反,它是在时代明显地或隐蔽地推动下的一种追求，即以哲学的方式来解答时代向人们提出的问题。

一、马克思主义哲学是怎样产生的

马克思主义哲学就是19世纪中叶社会发展的必然结果。英国工业革命及其后果、法国政治革命及其后果、世界历史的形成及其意义，是资产阶级进行历史性创造活动的主要成果，这些成果及其引起的规模宏伟、具有现代形式的社会矛盾，是推动马克思创立"新唯物主义"的根本原因，构成了马克思主义哲学得以产生的时代背景。肇始于18世纪60年代的英国工业革命，到了19世纪40年代已经取得了决定性胜利，生产已经机械化、社会化，现代化运动开始启动。1789年开始的法国政治大革命，到了1830年推翻复辟王朝时也取得了历史性胜利，资本主义制度得到了确定和巩固。英国工业革命和法国政治革命的胜利，标志着人类历史从封建时代进入资本主义时代，同时也就从"自然联系占优势"的时代转向"社会因素占优势"的时代，从自然经济时代转向商品经济时代，从"人的依赖性"时代转向"以物质依赖性为基础的人的独立性"的时代。

资产阶级在取得巨大胜利的同时，也给自己带来了巨大的社会问题：生产社会化和生产资料私有制之间存在着无法解决的矛盾，人和人的世界都异化了，人成为一种"单面的人"。到了19

世纪中叶，这种矛盾日趋激化，异化状态日趋加深，其标志就是经济危机的频繁发生以及无产阶级与资产阶级的斗争日趋激烈。

1825年，英国爆发了第一次资本主义经济危机，1836年和1847年又爆发了波及欧洲各国的经济危机。资本主义生产方式内在矛盾的激化、阶级关系日趋简单，阶级矛盾日趋尖锐以及社会生活的急剧变动，为建立一种新的历史观，打破那种"古已有之"、"永恒不变"的形而上学观念提供了客观依据。此时，欧洲无产阶级已从一个自在的阶级逐渐成长为一个自为的阶级，形成为一支独立的反对资本主义的强大力量。从19世纪30年代开始，欧洲先后爆发了英国的宪章运动、法国的里昂起义和德国的西里西亚纺织工人起义。英、法、德无产阶级的斗争已经具有"理论性和自觉性"，并"在实践方面和理论方面采取了日益鲜明的和带有威胁性的形式"，从而震撼了资本主义统治，表现出无产阶级肩负着改造旧世界、创造新世界的历史使命。新的阶级及其新的历史使命需要新的理论指导。时代特征和内在矛盾必然在理论上反映出来。

马克思主义哲学的创立同对时代课题的解答是密切相关、融为一体的。在解答时代课题以及创立新唯物主义的过程中，马克思对英国古典政治经济学、法国复辟时代历史学以及英法批判的空想社会主义都进行了批判性的研究和哲学上的反思。不仅德国古典哲学，而且英国古典政治经济学、法国复辟时代历史学、英法批判的空想社会主义都构成了马克思主义哲学的理论来源。精神生产不同于物质生产。以基因为遗传物质的物种延续是同种相生,而哲学思维则可以通过对不同学科成果的吸收、消化和再创造,形成新的哲学形态。正像亲缘繁殖不利于物种的发育一样,一种创造性的哲学一定会突破从哲学到哲学的局限。

二、马克思主义哲学的内容

马克思主义是无产阶级思想的科学体系。它的内容涵盖了社会的政治、经济、文化、军事、历史和人类社会发展与自然界的关系等诸多领域和各个方面,是极其深刻和丰富的。它是包括科学世界观、社会历史发展学说、无产阶级革命理论以及社会主义和共产主义建设理论在内的科学理论体系,是工人阶级政党的理论基础和指导思想。"马克思主义"一词作为马克思、恩格斯创立的学说的总称在马克思在世时已经出现,在19世纪70年代末法国社会主义者的著作中曾广泛使用,但内容受到歪曲,马克思也对此提出尖锐批评。恩格斯在80年代初开始使用"马克思主义"一词,并在1886年专门作了说明。

马克思主义产生于19世纪40年代,是资本主义矛盾激化和工人运动发展的产物,以《共产党宣言》的问世为标志。它吸收和改造了人类思想文化的一切优秀成果,特别是18世纪中叶和19世纪上半叶的社会科学和自然科学的成果。它的主要理论来源是德国古典哲学、英国古典政治经济学和英法空想社会主义。此外，法国启蒙学者的思想和法国复辟时期历史学家的阶级斗争学说，也为科学社会主义理论提供了有益的思想资料。19世纪科学技术的新成果，特别是细胞学说的确立、能量守恒和转化定律的发现、进化论的新发展为马克思主义的产生奠定了坚实的自然科学基础。

马克思主义是完整的科学体系，它包含三个主要组成部分：马克思主义哲学、政治经济学和科学社会主义。这三个组成部分不是彼此割裂的，它们构成一个相互联系的有机整体。马克思主义是无产阶级认识世界和改造世界的思想武器，它的主要特征是科学性和革命性的结合，理论和实践的统一。

马克思主义哲学，我们通常又叫辩证唯物主义和历史唯物主义。这个名称就准确地表达了它在内容上、基本主张上的实质。按照客观世界本身的逻辑来看，唯物主义本质上应当是辩证的，辩证法本质上应当是唯物的。在古代，唯物主义和辩证法也曾经有过朴素的结合。所谓朴素的结合，就是说它缺乏严密的、充分的科学根据，只是诉诸直观。所以，后来随着阶级形势、生产力和科学水平的发展，形而上学唯物主义代替了朴素的唯物主义，唯心主义辩证法代替了朴素辩证法，这在认识史上无疑是一个重大的进步。然而，这个进步却是以破坏唯物主义和辩证法的结合为代价的。唯物主义同辩证法的分离造成了严重的后果：形而上学限制了唯物主义，例如费尔巴哈哲学；唯心主义制约着辩证法，例如黑格尔哲学。它们都不能科学地揭示世界的本质。从总体上说，旧哲学是以唯物主义和辩证法的分离为特征的。所以，哲学的进一步发展，必然要求改变这种违背自然、历史本来面目的分离状态。

正是马克思主义在科学实践的基础上，把唯物主义和辩证法有机地、高度地统一起来了。这种统一从总体上看，就是唯物主义贯穿着辩证法，辩证法建立在唯物主义基础上；表现在每个原理中，就是任何一个原理、一个判断、一个命题，都既是唯物的、又是辩证的，例如真理，就是客观的、绝对的，又是相对的。马克思主义哲学从它的整个"有机体"到它的每一个"细胞"，都是由唯物主义和辩证法这两个"元素"化合而成的。所以，我们说马克思主义哲学是辩证唯物主义，最根本的含义就在于此。

马克思主义哲学把唯物辩证法贯彻于社会历史领域，创立了历史唯物主义，从而实现了唯物辩证的自然观和历史观的统一，这更是独创。这是因为，旧哲学在历史观方面，虽然也有个别哲学家著述过上述的某些唯物主义观点，但从总体上说，都是唯心主义的。只有马克思主义哲学第一次把唯物主义贯彻到底，把人类社会看作是一个特殊的物质运动形式，看作是由其内部矛盾所推动的自然历史过程，从而创立了唯一科学的唯物辩证的历史观——历史唯物主义。所以，历史唯物主义不仅是马克思主义哲学中不可缺少的组成部分，还是它最具特色的部分，是科学思想中的最大成果。它的创立，结束了唯心主义在历史观上的统治地位，使对社会的研究成为科学。它和辩证唯物主义一起，成为"由一整块钢铁铸成的马克思主义哲学"完整而严密的体系，代替了唯心主义和形而上学。

马克思主义哲学的产生，否定了包罗万象的"科学之科学"，实现了哲学对象上的深刻变革，在哲学上第一次合理解决了哲学和具体科学之间的关系问题。马克思主义哲学与具体科学之间，既有联系，又有区别。马克思主义哲学的研究对象是整个世界的最普遍的本质，研究自然、社会和思维发展的一般规律。具体科学的研究对象则是世界某个领域、某一方面的本质，研究它的特殊规律，二者是一般和特殊的关系，这是一方面。另一方面，哲学以具体科学为基础，马克思主义哲学是对自然、社会和人类思维知识的概括和总结，反过来，又给具体科学以指导，二者又是基础和指导的关系，双方建立起亲密的"联盟"，以互相促进，任何"代替论"和"取消论"都是错误的。

第三节　为什么要学习马克思主义哲学

世界上许多国家都重视哲学教育。在西方，哲学课已成为高等学校各专业学生的选修课。这说明西方教育界和知识界中的有识之士都认识到，哲学对于提高学生的人文素质和思维水平的作用是无可替代的。中国自古以来就重视哲学教育。在中国，启蒙教育和哲学教育几乎是同步的。从《三字经》中的"人之初，性本善；性相近，习相远"，到《幼学琼林》中的"混沌初开，乾坤始奠"，既是识字教育，又是世界观和人生观的初步启蒙教育。中国传统文化源远流长从未中断，与中国历来重视文化教育和哲学教育相结合是密切相关的，而马克思主义哲学是时代精神的精华，是科学的世界观和方法论。因此，对于学生来说，学习马克思主义哲学就具有重要的意义。

一、帮助我们确立辩证的思维方式

英国著名科技史专家李约瑟用大量事实表明，在17世纪之前，无论在科学技术上，还是在思维方式上，中国都走在世界前列。然而，17世纪以后，中国却落后于欧洲的发展，这一矛盾在鸦片战争之后变得更为突出。李约瑟把这一现象称为"历史的倒转"。"历史的倒转"值得我们深思。要把这一"历史的倒转"再倒转过来，就必须确立一种现代的辩证思维方式。中国的传统思维方式本身就具有辩证性。当古希腊哲学着手发展形式逻辑的时候，中国传统哲学却在推进一种朴素的辩证思维，在人与世界关系的整体性、相关性、变易性等问题上都展现出自身的深刻性；在变易发展、对立统一、整体联系、生化日新等问题上，都有相当精彩的论述，形成了较为发达的辩证思维。李约瑟在《中国科学技术史》中指出，在希腊人和印度人很早就仔细地考虑形式逻辑的时候，中国人则一直倾向于发展辩证逻辑。在希腊人和印度人发展机械原子论的时候，中国人则发展了有机宇宙的哲学。所以，当中国哲学传到西方后，西方近代哲学家纷纷与中国古代哲学家"对话"——《苏格拉底与孔子的对话》、《一个基督教哲学家与一个中国哲学家的对话》之类的著作一度盛行。法国启蒙运动的大师们几乎无人不在关注和评论中国传统哲学及其思维方式。伏尔泰声称，在中国发现了一个新的精神世界，并认为中国人"是所有的人中最有理性的人"，中国哲学是借助符号、象数、形象来探讨宇宙的本原以及人与宇宙的关系的。黑格尔"借助巨量的参考材料"来研究中国哲学，尽管他站在"欧洲文化中心论"的立场上看待并贬损中国哲学，但也不得不承认历史开始于中国人，世界精神的太阳也是"从东方升起来"的；尽管他否定孔子哲学，但也对老子哲学中的对立统一观念表现出较大的兴趣，并认为老子哲学"以思辨作为它的特性"。中国传统哲学中朴素的辩证思维的确是一种富有东方神韵的、深沉的哲学智慧，属于人类"早熟"的自我意识。

但是，我们又要看到，中国传统思维方式重整体，但缺乏分析方法的补充，缺乏确定性、形式化的因素，所以往往具有笼统性的缺陷；中国传统思维方式重"天人合一"，但不具备科学基础，而且往往与中国古代宗法人伦密切相关，并赋予宗法人伦的"人道"以"天道"的神圣的光彩。中国传统哲学中的辩证思维是朴素的，体现的是农业文明，而现代辩证思维是以现代科学为依据的，体现的是工业文明。哲学发展史表明，辩证思维代表着人类哲学思考的主流。但是，人类对这条道路的认识，却经历了一个从自发到自觉的过程。马克思主义哲学的产生标志着人类达到了对辩证思维的真正认识。因此，我们应学习并掌握马克思主义的辩证思维方式，分析中国传统的辩证思维方式，并对之进行创造性转换。

哲学的反思不仅仅是面对过去，更重要的是面向未来，揭示未来的发展趋势。在科学本身的系统内并不能认清科学规律的完整性，只有哲学的反思和综合才能用更高层次的有序性原则，把各门科学和实践及其不同层次联结起来、连贯起来，从而对科学和实践发展的方向、联结点、突破口做出总体上的预测和规划。

二、帮助我们确立正确的人生观

人生观就是关于人生的根本观点、根本看法。在生活实践中，人们必然对自身存在的有关问题，如人究竟为什么活着，人活着有什么价值和意义，人怎样活着才有意义以及自己应该成为一个什么样的人等诸如此类的人生问题产生看法。对于这些问题的不同回答，就形成了不同的人生观。

一个人人生观的形成和确立，是各种条件影响的结果。人们所处的社会条件、生活环境、个人的经历和遭遇以及所受的教育和周围事物的影响等，都与人生观的形成有密切的联系，特别是个人的经济地位更为重要。但是，自发形成的人生观一般是零散的、模糊的、不稳定的，起指导作用的则是他所信奉的世界观。要确立自觉的、系统的、稳定的人生观，就需要以理论化、系统化的世界观为理论基础。一般说来，有什么样的世界观，就会有什么样的人生观。如果说宗教作为一种世界观是关于人的"死"的学说，是讲生如何痛苦而死是解脱，死后如何升天堂的，那么，哲学作为一种世界观则是关于人的"生"的学问，是教人们如何生存、如何生活得有意义、有价值。只有哲学才能真正"看透"人生。人生观是个哲学问题，而不是科学问题。医学、生物学、物理学、化学、数学等都不可能解答"人生之谜"。倍数再高的显微镜也看不透这个问题，再好的望远镜也看不到这个问题，再先进的计算机也算不出这个问题……所以，无论什么专业的学生，都应该学好哲学，明确人生的意义、目的和价值。

三、帮助我们确立中国特色社会主义的政治信念

马克思主义的社会主义即科学社会主义与马克思主义哲学具有内在的联系。社会主义社会的"首要任务"、"主要任务"、

"根本任务"是发展生产力,而确认生产力是社会发展的"最高标准",是历史唯物主义的根本原则;确立"有个性的个人",实现人的全面发展,是马克思主义哲学所指向的目标,而促进人的全面发展是马克思主义关于建设社会主义新社会的本质要求;马克思主义哲学就是要从总体上把握人与自然、人与人的关系,马克思认为,实践的唯物主义者即共产主义者。马克思主义哲学是科学社会主义的理论前提,并蕴涵着科学社会主义的本质要求,只有学习马克思主义哲学,才能深刻把握科学社会主义,确立中国特色社会主义的政治信念。

哲学不等于政治,哲学家不是政治家,有的哲学家想方设法远离甚至脱离政治,但政治需要哲学。脱离了哲学的政治缺乏说服力和凝聚力,很难得到人们的认同,所以哲学变革构成了政治变革的先导。哲学也不可能脱离政治,哲学总是以自己的独特方式蕴涵着政治。正如现代著名哲学家雅斯贝尔斯所说,"哲学既离不开政治,也离不开政治的后果"。如前所述,哲学既是知识体系,又是意识形态;哲学追求的既是真理,又是某种信念。从根本上说,哲学是以抽象的范畴体系、透过一定的认识内容而表达出来的特定的社会关系,它总是体现着特定的阶级或社会集团的利益、愿望和要求。明快泼辣的法国启蒙哲学是如此,艰涩隐晦的德国古典哲学是这样,高深莫测的解构主义哲学也不例外。用解构主义大师德里达的话来说就是,解构主义通过解构既定的话语结构挑战既定的历史传统和现实的政治结构。哲学总是具有自己特定的政治背景，总是或多或少地蕴涵着政治，具有这种或那种政治效应。

同时，我们一定要看到，马克思主义及其哲学产生150多年以来，世界政治、经济、文化、科学等方面发生了巨大而深刻的变化，科技信息化、经济全球化、政治多极化，使世界进入一个新的时代；也一定要看到中国社会主义建设以及人们的工作、生活条件和社会环境发生了巨大而深刻的变化，发展进入关键时期，改革进入攻坚阶段，经济成分、社会阶层和价值观念日益多样化，尤其是社会主义市场经济以及全面建成小康社会的实践使中国走向新时代。这些问题在马克思主义创始人那里都找不到、也不可能找到现成的答案。马克思主义哲学不是教义，而是方法，它提供的不是现成的教条，而是进一步研究的出发点和供这种研究使用的方法。从马克思主义创始人的著作中，找不到关于当代问题的现成答案，这不能责怪马克思，只能责怪我们对马克思主义"本性"的无知。如前所述，马克思主义哲学始终以批判的精神对待自己，从不故步自封，自称包含了一切问题的答案。相反，马克思主义哲学始终关注变化着的实际，及时总结新的实践经验，创造新的理论，从而与时俱进。

在学习马克思主义哲学，确立中国特色社会主义政治信念的过程中，我们应以马克思主义的态度来对待马克思主义，深刻把握理论和实际相统一的这一马克思主义的根本原则，自觉地把思想认识从那些不合时宜的观念、做法和体制的束缚中解放出来，从对马克思主义的错误的和教条式的理解中解放出来，从主观主义和形而上学的桎梏中解放出来，以一种新的姿态自觉投身于建设中国特色社会主义的伟大实践中，使社会主义在中华民族的伟大复兴中再造辉煌，同时使中华民族在中国特色社会主义的基础上实现伟大复兴。

第二章

仰望星空的探索：世界的本质是什么

哲学要从总体上把握人与世界的关系，首先就要考察世界的本质是什么，世界上千姿百态、形态各异的事物、现象是在什么基础上统一起来的，世界以怎样的存在形式和固有属性存在着和发展着。这是一切哲学派别都必须回答的问题。马克思主义哲学认为，世界在本质上是物质的，自然、社会、人类都是在物质这一客观实在的基础上统一起来的。作为精神现象的意识也是物质世界长期发展的产物，是人脑这一高度发展的物质的属性。马克思主义哲学关于世界物质统一性的学说，是坚持唯物主义一元论，反对唯心主义和二元论的前提，是正确解决一切哲学问题的前提。

第一节 什么是物质

确立科学的物质观以及运动观和时空观,是马克思主义世界观的前提。物质、运动、时空及其相互关系问题,历来是唯物主义与唯心主义斗争的焦点之一,也是辩证唯物主义与形而上学唯物主义的分歧之一。

一、物质:标志客观实在的哲学范畴

"物质"范畴是唯物主义哲学关于世界本原和统一性的最高抽象,是唯物主义世界观的基石。对"物质"的理解,唯物主义本身也有一个发展的过程。依据对"物质"认识的深度和广度,可以把唯物主义哲学划分为三种形态,即古代朴素唯物主义、近代机械唯物主义(形而上学唯物主义)、现代辩证唯物主义(历史唯物主义),这三种不同形态的唯物主义代表了对"物质"的哲学认识由低级到高级、由片面到全面的三个发展阶段。

二、三种物质观

(一)古代朴素唯物主义的物质观

古代朴素唯物主义是唯物主义哲学的第一个历史形态。它肯定世界的物质性,但是它把作为世界本原的物质归结为某一种

或某几种具体的物质形态。比如，希腊的唯物主义哲学家泰勒斯认为"水是万物的本原"；中国的"五行说"认为万物是由金、木、水、火、土五种元素构成的。古代朴素唯物论的最高成就是古希腊德谟克利特的原子论和中国的元气说。原子论认为，世界万物都是由不可分割的颗粒（原子）和虚空构成的，原子是世界的共同基础；元气说认为，一切有形的物体都是由客观的元气所生成的，元气是构成世界的本原。这种朴素的唯物主义物质观奠定了唯物主义的根本方向，对客观世界穷根究底，试图说明世界的物质本原，在根本点上是正确的。但是，它也有不可避免的局限性：第一，这些观点只是一种可贵的猜测，在当时并不能被科学证实；第二，它们把万物归结为某种可以感知的、具体的物质形态，这就把复杂的问题简单化了。总而言之，它对物质的解释是肤浅的，反映了人类对物质世界的认识还处在初级的阶段。

（二）形而上学唯物主义的物质观

形而上学唯物主义是唯物主义哲学发展的第二个历史形态。它是随着资本主义经济和近代自然科学的产生和发展而形成的。它认为原子是世界的本原，而原子及其属性（如质量不变、广延性、不可分性）都是不变的。世界上形形色色、无限多样的不同性质的现象、事物，都是原子的结合和分离，以及在空间位置的变化所造成的。这就是形而上学唯物主义的物质观。与古代朴素唯物主义物质观相比，这种物质观是一个重大的、历史的进步。这是因为，它不仅继承了古代朴素唯物主义物质观的基本方向，肯定了物质是不依赖于意识的东西，并且有自然科学材料作为根据，克服了古代朴素唯物主义物质观自发的、直观的、猜测的性质。当时的自然科学揭示出自然界的各种物质都是由不同元素组成的，元素是组成化合物的基本单位，而各种元素的分子又可以分解为原子，原子是当时科学认识所达到的关于物质结构的最深层次。人们认为，原子就是最小的物质单位，原子的属性就是一切物质形态的不变属性，各种元素的原子既不能分割，也不能转化。因此得出结论：物质就是原子，就是世界的本原。

但是，这种物质观本身又有严重的缺陷：第一，在对待客观物质世界的关系上，它把特定的物质形态误认为物质的一般形态，把原子的个性错看成是物质的共性，所以就得出物质是原子的结论。第二，在对待哲学和科学的关系问题上，它把在特定历史条件下，关于物质结构的自然科学学说同哲学的物质概念混为一谈，未能根据自然科学的发展，从无限多样的物质形态里概括出物质的最基本的共性，以丰富哲学的物质观。第三，它在社会历史领域必然陷入唯心主义。因为它把原子作为世界统一的物质基础，就割裂了自然界和社会的物质统一性，不能把唯物主义一元论贯彻到底，因为用原子论无法解释社会现象。

总而言之，按照这样的物质概念来理解世界的物质统一性，解释不了千变万化的物质现象，说明不了日新月异的科学发展，也无法抵挡唯心主义的不断进攻。

19世纪末20世纪初，物理学上有两大发现：第一，发现某些元素具有放射性现象，在放射过程中，一种元素会转化为另一种元素，例如，镭经过放射之后，就生成了另外两种新的物质——惰性气体氮和氦；第二，电子的发现，即发现原子当中还有电子这一更小的微粒，而且电子的质量可以随着自身速度的变化而变化。上述这两大发现，对物理学来说，确实是一场伟大的革命，因为它推翻了原子的不变性、不可分性以及质量不变等观念。可是，当时一些受形而上学思想支配的物理学家却无法解释这些现象，于是就做出了"原子非物质化了"的错误结论，唯心主义者此时也乘机向唯物主义者发动了新的进攻，叫嚷"物质消灭了"，"唯物论被驳倒了"等。

究竟物质是不是被消灭了呢？究竟唯物论是不是被驳倒了呢？根本没有。正确的答案应当是：自然科学的新发现，只消灭了旧的物质结构学说所规定的界限，所驳倒的只是形而上学的即反辩证法的唯物主义。而对于辩证唯物主义来说，它不但没有被驳倒，反而更加证明了它的正确性。所以，这就要彻底弄清一个问题，即什么是物质？如果说，在"世界究竟是不是统一于物质"这个问题上，需要划清唯心论和唯物论的界限的话，那么，在"究竟什么是物质"这个问题上，就要划清辩证唯物主义和形而上学唯物主义之间的界限。

（三）辩证唯物主义的物质观

辩证唯物主义的物质观是哲学物质理论发展史上的重大飞跃，是哲学物质观历史发展的最高阶段。哲学的物质概念一般是对物质的共性的概括。共性不能离开个性，又不能归结为个性。

列宁在19世纪末20世纪初，总结了哲学上两条路线斗争的经验，以及自然科学的新成就，继承了以往唯物主义物质观的积极成果，在马克思主义哲学发展史上，第一次给物质下了一个完备的科学定义，阐明了辩证唯物主义的物质观。他指出，物质是标志客观实在的哲学范畴，这种客观实在是人通过感觉感知的，它不依赖于我们的感觉而存在，为我们的感觉所复写、摄影、反映。这就是说，物质是不依赖于意识而存在，又能为意识所反映的客观实在。它包括三个方面的内容：物质是哲学范畴；物质的唯一特性是客观实在；物质具有可知性。

第一，辩证唯物主义的物质观坚持了物质的客观实在性原则，坚持了唯物主义一元论，同唯心主义一元论和二元论划清了界限。从物质和意识的对立统一关系中去把握物质、规定物质，是辩证唯物主义物质观的根本特点。物质和意识的关系是人类在认识和实践中所遇到的最普遍的关系、最基本的矛盾。

第二，辩证唯物主义的物质观坚持了能动的反映论，有力地批判了不可知论。物质这一客观存在是"人通过感觉感知的"、可以认识的对象，而不是不可捉摸、不可认识的"自在之物"。当然，有些东西，如原子以及更小的微观粒子等，是人们的感官不能直接感觉到的，但人们可以通过现代物质技术手段感知它们，通过人的理性思维去反映它们、把握它们。由于科学技术条件的限制，目前还有许多难以感知的事物，但这并不意味着它们不可认识。随着实践和科学的发展，它们迟早会为人们所认识。马克思主义的物质观表明，世界上只存在尚未认识的东西，不存在不可认识的东西。

第三，辩证唯物主义的物质观体现了唯物论与辩证法的统一。在马克思主义哲学中，物质不是作为一切事物的基础，不是作为物体性质的支撑者，而是对人们意识所反映的一切现象、事物、过程，对整个物质世界的多样性所作的最高的哲学概括。

第四，辩证唯物主义的物质观体现了唯物主义自然观与唯物主义历史观的统一，是构成彻底的唯物主义的出发点。旧唯物主义承认"物质的自然"，对于社会事物，旧唯物主义由于不理解人的实践活动是社会存在和发展的基础，因而不能坚持客观性原则，结果把历史过程理解为一种主观的存在，以至于把人类历史变为所谓"精神的历史"。这就制造了"物质的自然"和"精神的历史"对立的神话，而旧唯物主义本身也成了"半截子"的唯物主义，即仅仅是自然观上的唯物主义。马克思主义哲学既看到了自然界的物质性，又以实践为基础揭示了人类社会的物质性，实现了唯物主义自然观和唯物主义历史观的统一，这具有极其重要的意义，为唯物主义乃至整个哲学开辟了一条新的发展道路。

三、时间和空间是物质的存在形式

在日常生活中，人们的一举一动、一言一行都离不开时间和空间。如果想要自己播种的农作物有一个好的收成，就必须根据这一农作物的生长特点和规律，选择适当的土壤和播种时间，并根据土质和季节来进行施肥和管理。打仗也是一样，为了迅速摧毁对方的防线，必须在发起进攻前尽量摸清对方虚实，侦察好对方的火力配备，以确定适当的进攻时机和突破区域，这就是我国古代兵书上所强调的"天时地利"。日常生活中经常使用的"过去、现在、将来、长久、短暂"等词，表示的就是时间形式或时间关系；而"位置、场所、距离、体积、角度"等词，表示的则是空间形式或空间关系。人们经常说"事件过程"，这主要是从时间特性表示对象的；而"物体、事物"等则主要是从空间特性表示对象的。

对时间和空间本质的认识一直是人们思考的问题。古代人们仰望苍天，以为是一片皆空，便称之为"天空"。古希腊自然哲学家德谟克利特认为空间就是"虚空"或"真空"。我国古代把时空叫做宇宙，所谓"四方上下曰宇，往古来今曰宙"。四方上下就是指空间中的四面八方,往古来今就是指时间的过去、现在和将来。近代也有很多人深入探讨过时间和空间的问题,但都没有做出科学的解释。只有马克思主义哲学诞生之后,才对时间和空间的问题做出了真正科学的解释。世界是物质的,物质是运动的,但是运动只能存在于时间和空间之中,所以,要全面理解世界的物质性,就必须进一步弄清楚什么是时间和空间,以及它们与物质运动之间的关系。

所谓时间,就是物质运动过程的顺序性、间隔性和持续性。顺序性是指不同事物之间在发展的过程中所表现出来的先后更替的相继关系(即事物之间的你先我后的相互交替和相互转换);间隔性是指两个事物或过程之间间隔的长短;持续性是指事物发展的连续过程,即事物的存在和过程进行中的持续的久暂。时间的特点是一维性。就是说,它只有过去、现在和将来一个方向,不能颠倒,也不能倒退,是一去不复返的。我们平常所说的"时乎时乎不再来","机不可失,时不再来","太阳东升又西落,天气冷了又暖和,小伙子变成了老公公,大姑娘变成老婆婆",讲的都是时间的这种不可逆性。我们有时说"老人越活越年轻",只不过是形容其精神很好,身体健康,其实是"夕阳无限好,只是近黄昏"。

时间的一维性有两层含义:一是对于时间的量度只需要一个数量。任何一个时刻,都可以用一个数量完全地把它量度出来,表示出来。二是时间只有一个方向，具有不可逆性。时间的流逝总是沿着过去、现在、未来这一直线前进，并且是一去不复返的。古人常以"一寸光阴一寸金，寸金难买寸光阴"这样的至理名言来说明时间的不可逆性，提醒人们珍惜时间。

所谓空间，就是运动着的物质的伸张性和广延性。伸张性是指物体占有的位置，广延性是指物体的体积和形状。空间就是表示物体彼此之间的并存关系和分离状态，表示物体的体积、形态、位置和排列次序等特性的。立体几何学是研究物体空间特性的科学，广延性在几何学上就是三条互相垂直的线所显示出来的立体性。空间的特点是三维性，就是说，任何一个现实存在着的物体，都有长、宽、高三个方向；任何一个物体同其他物体的位置关系，都只能是上下、左右、前后的关系，用几何学的术语表示就是：通过空间中的任何一点，都可以，而且也只能得出三条互相垂直的线。空间不能多于三维，也不能少于三维，现实的空间只能是三维空间。在几何学里，有所谓"一维空间"、"二维空间"的说法。所谓一维空间，指的是只有长短而没有宽窄的线；二维空间是指只有长宽而没有高低的面。这些都是靠抽象思维假设的。在现代物理学中常常使用"四维空间"的概念。四维空间并不是现实的空间，在现实当中并不存在四维空间，物理学中之所以使用这个概念，是为了把时间和空间综合起来考察。把空间当三维，把时间当一维，加起来就是四维了，这在科学研究和实际工作中是很必要的。例如，对于航空交通管理来说，单单知道飞机的空间位置是没有意义的，只有知道飞机什么时间处在某一位置上，才能获得这架飞机的飞行情况的观念。至于其他科学中的"多维空间"的概念，例如色度学中的所谓"颜色空间"，是把每种基本的颜色当作这种"空间"中的"一维"，所以有多少种基本的颜色，就可以有多少维，并用这种"多维空间"来表示被考察的客体的色调。所以这里所说的"维"、"空间"和空间的三维性的概念完全是两码事。物质的空间特性是三维性，即具有前后、左右、上下三个方向。通常表现为两种情形：一是表现为一定的体积，从天体星球到基本粒子都有一定的体积；二是表现为一定的空间位置，即任何一个事物都与其周围的事物存在着一定的空间关系。物质的运动必有一定的空间形式。在几何学中，必须用三条相互垂直并交于原点的直线建立立体坐标系，以区分和表示前后、左右和上下，这实际上是空间三维性在数学上的具体表现。在科学研究中，通常又把空间的三维性和时间的一维性联系起来统一考虑，因此，时间和空间又统称为"四维时空"，物质世界因此被称为"四维世界"。"四维世界"并不是说空间是四维的，而是说事物存在于三维空间和一维时间之中。因为科学研究要描述宇宙天体或空中飞行物，必须由三维空间和一维时间构成的四维连续区才能描述。四维时空的概念，科学地说明了具有内在联系的时间、空间与运动着的物质不可分离的原理。作为物质运动的形式，时间和空间是统一的。二者的统一形成一定的时间和空间结构，它是理解运动的基本条件。

爱因斯坦以真空中光速不变和狭义相对性原理为基础建立了狭义相对论，并用光速不变重新审定了时间的概念。按照狭义相对论，某一事件在时间上的先后顺序是确定的、不可逆的，如炮弹总是先发射后落地，发射和落地不可能同时发生，更不可能先落地后发射。但是，两个事件的"同时"性却不是绝对的而是相对的，"同时"或"不同时"只有和运动着的物质体系联系起来才能确定。不同地点发生的两件事在地面上的观察者看来是同时发生的，在高速运动的观察者看来则不是同时发生的。这就是说，"同时"的概念随着物质运动状态的变化而变化，没有不变的时间，没有绝对不变的同时性；物质客体尽管有其空间的广延性和时间的持续性，但在不同的物质运动体系中，空间广延的长短和时间间隔的快慢也不是绝对的，而是相对的。

爱因斯坦的狭义相对论揭示出空间和时间的特性随着物质运动速度的变化而变化，但它没有深入到时间和空间同场这种物质形态的关系，其广义相对论则揭示了空间和时间与"场"这种物质的内在联系。广义相对论揭示出有引力场存在的宇宙时空是弯曲的时空，没有引力场存在或者引力场很弱的时空则是平直的时空，而且物质质量愈大，分布愈密，引力场愈强，时空也愈弯曲。这样，广义相对论就揭示了时空曲率与引力场、质量密度的关系，从而进一步证明了时间和空间与物质的密切关系。

可见，时间和空间的特性随着物质的运动而变化，时空曲率也受物质质量的影响。这表明，当代科学成就不是推翻，而是证实、深化了辩证唯物主义时空观的真理性。

第二节　意识是如何产生的

物质是现实世界的统一基础，随着物质世界的发展以及人和人类社会的产生，地球上"最美的花朵"即人类意识也就随之产生了。要正确认识世界是什么，全面地回答世界的物质性问题，就必须进一步研究人的精神世界，即人的意识，把握它的起源、本质和作用，以及与物质的关系，才能彻底地坚持世界的物质统一性原理，坚持彻底的唯物主义一元论。只有真正弄清物质与意识这个原理，给意识现象以科学的解释，说明意识对于物质的依赖性才能进一步阐明世界物质统一性的原理，科学地解决哲学的基本问题，进而把握完整的马克思主义哲学的理论体系，坚持彻底的唯物主义一元论的世界观。

学习这一原理的实践意义在于，要求我们在认识世界和改造世界的过程中，要在尊重客观规律的基础上，充分发挥主观能动性，坚持客观规律性和主观能动性的辩证统一。自觉地把革命精神和科学态度结合起来，既要反对唯心论，又要避免机械唯物论，更要同那种把物质和意识等同起来的庸俗唯物论划清界限。

一、意识是自然界长期发展的产物

意识现象不是从来就有的。现代自然科学证明，自然界先于人类意识而存在，在人类出现以前，自然界就已经存在了，那时还没有意识现象。银河系大约有150亿年的历史，地球年龄大约有45亿年以上。在很长一段时间内，地球上只存在无生命的物质，没有生命，更没有人类，因而也没有意识。在30亿年以前，地球上出现了生命，经过几十亿年的进化发展，才产生了人。考古发现，人是在300万年以前才诞生的，有了人，才有了人的意识。意识的产生经历了漫长复杂的历史过程，这个过程与物质自身的发展过程相适应，是物质反应形式由低级到高级的发展过程。它大体经过了以下三个基本阶段。

第一阶段：由无生命物质的反应特性到低等生物的刺激感应性。

一切具体形态的物质，在受到来自外部或内部的某种作用时，都会以自己特有的方式发生一定的变化，从而反映其所受到的作用，这就是物质的反应特性。这种变化一方面是事物自身的特定形式的运动，另一方面是反映同其相互作用的其他事物的特性。自然界最早出现的无机物具有类似感觉的反应特性，表现为以机械的、物理的或化学的方式反映外界刺激。如无机界发生的风吹物移、水滴石穿、敲击有声，这就是机械的反应；摩擦生电、电通灯亮，这是物理的反应；金属锈蚀、物质分解，这是化学的反应。这些特性是物质本身所固有的。一切事物都具有相互作用的性质，那么一切事物都具有反应特性也是必然的了。列宁曾经指出：假定一切物质都具有在本质上跟感觉相近的特性，反映的特性，这是合乎逻辑的。这就是说，反应特性是一切物质形态都具有的，是"物质的本性"最普遍的表现之一。反应作为无生命物质和有生命物质的共同特性，是意识产生的根据和可能性。正是这种作为根据的"物质的本性"，在自然界进化的特定条件下，随着物质自身的发展，一步步地转化成人类的意识。无生命物质的长期发展产生了生命，出现了生物有机界，与此同时，物质的反应特性也发生了质的飞跃，出现了生物的特殊的反应形式。

生物反应形式在植物和原生动物那里表现为刺激感应性。所谓刺激感应性，是指生物对外界环境的变化和作用的应答能力。含羞草只要受到轻微的触动，就会使它的叶子低垂。植物生长需要阳光、水分等条件，它们的枝叶就朝着向阳的方向伸展，它的根就伸向有水分的地方。向日葵就是明显的例子。变形虫游近食物，却避开酸碱等，就是刺激感应性的表现。这种刺激感应性已不是简单的、机械的、物理的和化学的反应，比起无生命物质的简单反应特性，刺激感应性在保留反应特性基本特点的基础上，使反应形式趋向复杂化、深刻化，即由纯粹被动的反应向某种程度的主动反应转化。被保留的基本特点是，如果没有引起反应的东西，就不能有反应，而引起反应的东西是不依赖于产生反应的对象而存在的；在反应过程中，反应的物体只是反映了被反应对象的部分属性，而不是全部属性。例如，没有氧气，就不会引起铁生锈；没有太阳光，植物的枝叶就不会向阳光充足的方向伸展。氧气、太阳光是不依赖于铁、植物而存在的，而且在铁生锈和植物向阳光伸展的过程中，只是反映了氧气具有氧化的属性、阳光具有促进植物生长的属性，而不是氧气和阳光的全部属性。无生命物质的反应特性与生物的刺激感应性的区别是：无生命物质的反应特性都是通过改变自身的形态或者转化为他事物而表现出来的，而生物的刺激感应性是为了维持自己的生存和发展，以新陈代谢、自我更新为特征；无生命物质的反应特性没有选择性，而生物的刺激感应性则是为了维持其生存而具有趋利避害的选择性。从无生命物质的反应特性到生物的刺激感应性，是意识产生的第一个具有决定意义的环节。

第二阶段：由低级生物的刺激感应性到高级动物的感觉和心理。

低级动植物同周围环境的关系比较单纯，因而它们只需要也只具有刺激感应性。随着低等动物进化为高等动物，就与周围环境发生了日益多样和复杂的关系。为了适应复杂的周围环境以求生存，高等动物的各种器官越来越专门化，产生了专门反映外界刺激的眼、耳、鼻、舌、身等感觉器官和神经系统。这样，在低等生物的刺激感应性的基础上，逐渐产生了动物的感觉。感觉以视觉、味觉、听觉、嗅觉、触觉等形式分别反映外界对象的各种属性。

动物心理是人类以外生物的最高反应形式。动物同周围环境是一个统一整体，动物本身也是一个统一整体。动物把各种感觉联系起来，形成对客观环境的统一反应，这就是动物心理。动物心理不仅包括感觉和简单动机，而且包括知觉、表象和情绪，已具有初步综合和分析的能力。如狐狸的狡猾、家犬对主人的温顺、狗看见人弯腰摸地会调头逃跑、马戏团里各种动物的表演等，都属于此类。动物的心理活动过程不仅需要已经分化出的各种不同感觉器官，而且需要把各种感觉联系起来的神经系统，以及指挥这个神经系统的中心——大脑。大脑是动物心理活动的基础，动物进化的梯级越高，它对大脑的依赖也就越大。动物的大脑和神经系统是通过反射的形式来反映外界事物的，这就大大加强了其反映事物的能力，使之能够更好地适应复杂多变的客观环境。

当然，动物的感觉和心理还谈不上是我们讲的人类的意识。由于高等动物具有条件反射的机能，因而能够进行复杂的活动。例如，有些经过专门训练的猴子，能够听懂一些词语。人们只要发出命令，它们就会完成一定的动作、任务。上海西郊公园里曾经有一头猩猩，经常为游人表演难度较高的体操和杂技，它戴上眼镜穿针引线，缝补手帕，并挥动手帕向观众致意。显然像猿猴这样的高等动物，已经具有萌芽状态的意识了。

第三阶段：由一般动物的感觉和心理到人类的意识。

动物心理还不是人的意识。意识是跟人和人类社会一同出现的。由猿进化到人，产生了更为复杂的人脑，人脑比动物大脑更大，构造更加复杂，大脑皮层更厚，褶皱更多更深，皮层中的区域定位也更加精细，出现了动物所没有的"语言中枢"和"前额叶"等，人脑的出现是自然物质发展史上的伟大飞跃，从此出现了人所具有的高级反应形式——人类意识。

现代科学研究的成果表明，大脑是高等动物和人类专司反应的主要器官，而大脑皮层则是动物心理和人类意识的活动中心。与类人猿相比，人脑重量剧增。现代人脑的重量约为1500克，与体重之比为1∶50；黑猩猩的脑重不足400克，与体重之比为1∶150；大猩猩脑重约540克，与体重之比为1∶500。更为重要的是，人脑与动物脑相比，已经有了质的变化，主要表现为大脑皮层的高度发达。人脑是一切物质形态中最精密、最复杂、最发达的物质。人脑约由1000亿个神经细胞组成，其中大脑皮层里有140亿个。覆盖在人脑两半球上的皮层，是人脑的主要构成部分。大脑皮层伸展开来，约有2600平方厘米。大脑皮层有200个功能区，分别对感官传入的各种信息进行综合和分析，做出反应。人的大脑分为左右两个半球，它们各有不同的职能。左半球是主管语言、符号以及抽象逻辑的神经中枢，右半球是主管颜色、声音、空间位置以及形象思维的神经中枢。两个半球之间有2亿多神经纤维，每秒钟可以在两半球之间传递40亿个神经冲动。大脑皮层与皮层下的丘脑、下丘脑互相协调，并和小脑、脑干、延髓、脊髓相连接，组成整个中枢神经系统；又和周围的传入、传出神经系统以及各感觉器官相联系，形成一个以大脑为司令部的，复杂的、遍布全身的神经网络。当人和外物相互作用时，信息便通过眼、耳、鼻、舌、身各感觉器官转化为神经冲动，由传入神经把兴奋传导到大脑，引起大脑皮层活动，产生感觉、知觉、表象、思维、情绪等意识活动。

人的意识与动物心理有质的区别。首先是物质基础不同。动物心理是动物脑的属性、机能，人的意识是人脑的属性、机能。其次是反映形式不同。动物只是通过感觉、知觉以具体形象的感性形式反映外部世界，人的意识主要是以抽象概念的形式，即理性的形式反映外部世界。比如，猿猴吃过许多桃、李等，但仍然不可能形成水果的概念。动物的心理是直接的，人的意识是间接的，前者不需要语言，后者则离不开语言。动物只有简单地表达自己感情和愿望的能力，比如黑猩猩在快乐时会做出笑脸，痛苦时会流出眼泪。但由于没有真正的语言，因而就无法出现思维活动，也就不可能有人类意识。最后是反映的内容不同。动物反映外部世界是出自本能，是适应周围环境的结果，它的感性直观的形式只反映事物的表面现象，贫乏、肤浅、没有预见性，而人类反映客观世界出自改造世界的实践需要，它的理性反映形式能深入到事物的内在规律和本质，丰富、深刻、有预见性。可见，动物心理与人的意识是有本质区别的。

总之，意识不是从来就有的，它是随着人类大脑的出现而出现的，大脑是自然界长期发展的结果，因而意识也是自然界长期发展的产物，是物质的反应形式由低级到高级、由简单到复杂的不断进化的结果。

二、意识是社会的产物

人的意识是由动物的心理活动发展而来，是自然界发展到出现人的大脑时才出现的。那么，究竟是什么力量使得猿脑变成了人脑，动物的心理过渡到人的意识呢？归根到底，这种力量就是社会劳动。劳动是意识产生和发展的决定性力量。人类通过社会劳动，认识和改造自然界，在这一过程中产生了语言、思维、意识，创造出了灿烂的文化。所以说，意识不仅是自然界长期发展的产物，而且也是社会的产物。

（一）劳动使形成中的人脑日益完善，为意识的产生和发展提供了生理基础

劳动对形成中的人脑的日益完善提出了客观需要。我们前面曾经提到，大约1500万年以前，随着动物的演化，在欧洲、亚洲的森林里，出现了一种类人猿，称森林古猿。由于自然条件发生了极大的变化，地面的温度普遍降低，使东半球的北部和南部森林面积大大缩小了，而热带森林仍然茂密。在这种情况下，古猿的发展就走向了两个方向：一是热带古猿仍然生活在树上，直到今天仍然如此。其他地区的古猿由于不能适应环境的变化，有的死亡，有的生活方式就从树上变成了地上。古猿转移到地上生活以后，就主要用后肢支撑身体，使它原来的手足分工进一步发展，逐渐学会直立行走，这样就把前肢解放出来了。在经常的活动中，古猿的前肢变得越来越灵巧，开始是利用天然的木棒、石块来延长自己的器官获取食物，抵御野兽，这就意味着出现了积极利用自然和改造自然的活动的特点，即出现了劳动的萌芽。以后随着经验的积累，古猿逐渐学会把天然的石块和木棒加以改造，把石块磨薄，把木棒弄尖，从而制造出最原始的工具。从利用天然的工具到制造工具，这就使劳动由萌芽到发展，逐渐代替了古猿的活动。古猿的活动是一种消极地适应自然的活动，它只能依靠自然的恩赐。而劳动由萌芽到发展，则是一种积极地利用

自然和改造自然的活动,这种活动需要认识自然的规律,按客观规律办事,从而达到预想的目的。采集果实和种植农作物,什么季节最适宜,生长需要什么条件,季节的变化和种植的关系等,都需要掌握,而要掌握这些,就需要大脑具有反映事物本质的抽象思维能力。因此说,劳动对形成中的人脑的日益完善提出了客观需要。

在劳动中,手的发展使形成中的人脑的日益完善成为可能。在劳动中,一方面要求大脑更细致更正确地反映客观事物;另一方面,要求大脑更好地协调身体的各个部分之间的活动。这两个方面就促进了大脑的日益完善。手的劳动推动着脑的发展,脑的发展又反过来推动着手的发展,手脑相互为用,相互促进,这就为意识的产生和发展提供了必要的生理基础。

(二)劳动使思维的物质外壳——语言得以产生和发展,为意识的产生提供了必要的条件

早期猿人虽然能制造粗笨的工具,开始了积极的劳动,但是劳动体力差。他们的劳动基本上是集体性的。集体劳动能比个人劳动产生较大的力量。这样,在集体劳动中,劳动的目的和它当时的具体活动之间就产生了一定的距离。每个参加者,要想知道这个目的和自己的关系、别人的活动和这一目的的关系,就要互通消息、互相表示意向,需要交流思想,这样就需要有一个交

流的工具，这个工具就是语言。语言因此产生。语言形成的具体过程是这样的：早期猿人大脑深层的语言中枢处于萌芽状态，他们依靠叫声或打手势进行通话，在集体劳动中，由于不断通过表情、手势、声音要求别人和自己配合，自己也和别人配合，这样，一定的声音就和一定的动作联系起来，使一定的声音获得了一定的意义。经过反复的实践，声音和意义的联系就固定了下来，不同的声音表示不同的意义，于是作为信息的表示意义的工具——语言也就出现了。根据"化石"记载，从早期猿人开始，经过三四百万年的进化，到晚期猿人（例如北京猿人）阶段才形成了语言。有了语言以后，人脑的反映能力产生了一个飞跃。这个飞跃主要表现在人类借助于语言可以进行抽象的思维，反映事物的本质和规律，形成概念，这样，也就产生了人类的意识。

（三）劳动和语言的推动使意识的内容不断丰富，形式越来越多样化

在社会实践活动中，人们的思维能力得到了迅速的发展。因为人们的活动繁杂，客观事物及其复杂关系作用于感官的数量日益增加，这些信息又通过感官来到达大脑，大脑对众多的、复杂的信息进行区别、分类、对比、分析和综合、归纳和演绎等思维活动，找出它们之间的内部联系，认识其本质和规律。久而久之，客观事物的规律性的联系转化为思维的逻辑，并以确定的形式在头脑中固定下来，从而发展了思维能力，提高了智力，丰富了意识的形式和内容。科学的发展就是人类意识发展的最伟大的胜利和证明。

让我们来看看世界各地的"兽孩儿"。19世纪，几个猎人在法国阿维龙森林中抓到了一个自幼就单独在森林里生活的17岁男孩，人们给他取了个名字叫"维克托"。他回归文明社会后，生活得并不愉快，因而他不时想逃跑。起初他还经常大叫、咬牙，但后来逐渐地适应了同人类一起生活，到他40岁死去时，他只学会了3个词。

印度的"狼孩儿"阿尔玛和卡玛拉（1920年）：她们刚被发现时用四肢行走，慢走时膝盖和手着地，快跑时则手掌、脚掌同时着地，她们总是喜欢独自活动，白天躲藏起来，夜间活动。她们怕火和光，也怕水，不喜欢洗澡，喜欢吃肉，吃肉时不用手拿，而是放在地上用牙齿撕开吃。每天午夜到凌晨三点钟，她们像狼似的引颈长嚎。她们没有感情，只知道饥时觅食，饱时休息，很长时间对别人不感兴趣。

2006年中央台报道：陕西榆林的王家河村有一个"羊孩儿"。因为长年没人照料，王家河村的六岁男孩儿拴拴，从刚会走路开始就被拴在了一棵树上。整整六年时间，和他做伴的只有一只山羊。拴拴已经六岁了，可还是不会说话，只能用"咩"的叫声表达感情。这些所谓的"兽孩儿"虽然是人类，但是他们长期与兽为伍，所以显现出的都是动物的"兽性"。虽然他们都拥有人的大脑，但是没有人类的意识，因为他们脱离了人类社会，脱离了人类的社会劳动。这些也向我们证明了，意识不仅是自然界长期发展的产物，而且也是社会的产物。

三、意识是客观存在的主观映像

意识是物质的一种特殊的产物，它是脱离不开物质又不同于物质的精神现象。这种精神现象有两个本质的特点：一是从意识活动的物质器官来说，意识是人脑的机能；二是从意识和客体的关系来说，意识是客观存在的反映。要科学地回答意识是什么的问题，必须进一步揭示意识的本质。辩证唯物主义对于意识本质的基本观点，可以概括为两个方面：意识是人脑的机能；意识是客观世界的主观映像。

人脑之所以产生意识，与人脑这一特殊的物质有关。人脑的重量大，人脑与身体重量的比重也大。人脑的绝对重量大大超过其他高等动物的脑重量，黑猩猩的脑重量大约为400克，大猩猩的脑重量大约是540克，现代人的脑重量约为1500克。当然有的动物脑重量比人的大得多，但人脑重量与身体重量的比例也很大。人脑是意识活动的器官，脑科学证明，意识活动是人脑神经细胞传递生物电，处理信息的过程。客观事物和现象作用于人的感官，刺激了神经末梢，就产生了脉冲生物电，脉冲生物电信息沿神经系统传导到大脑，经过信息加工和处理，然后沿着传出神经传到相应的人体器官，这种神经细胞输入和输出信息的过程，就是人脑意识活动的基础。现代科学还证明，只有在正常的人脑神经活动过程中才出现人的正常心理和意识活动。如果大脑皮质严重受损，人就会变成白痴；如果出现血液循环障碍，大脑皮层的供氧就会中断。科学家编制天文年历，预见日食、月食，预见彗星、流星，都是根据天体运动的规律和星体的运行状况，而做出的科学反映。纵观人类历史，随着实践与科学的发展，人们对自然现象的变化做出的科学预测越来越多，所有这些预测都是人脑对客观存在的反映。

四、意识的能动作用

辩证唯物主义认为，意识的能动性是相对于物质的决定性而言的，是指意识在反映客观世界和指导实践改造世界过程中表现出来的积极主动的性质。毛泽东说，一切事情是要人做的，"做就必须先有人根据客观事实，引出思想、道理、意见，提出计划、方针、政策、战略、战术，方能做得好。"思想等是主观的东西，做或行动是主观见之于客观的东西，都是人类特殊的能动性。人区别于动物的自觉能动性是由人类对世界的主体地位决定的，人类总是作为改造世界从而也改造自身的主体而存在的，这就决定了意识总是从人的需要和利益出发来把握客观世界及其发展规律,并在世界中打上人的烙印。

(一)意识的能动作用主要表现在两个方面

第一方面:意识能够能动地反映客观世界。意识对客观事物的反映,不是消极直观的照镜子式的反映,而是能动的反映,它不仅能够反映事物的现象,而且能够透过现象正确反映事物的本质和规律。在日常生活中,我们总是能看见太阳是从东边升起、西边落下的,似乎它是围绕着地球转的,但这只是一种假象,人们却能够透过这种假象揭示地球围绕太阳运行的规律。人们看到鸟儿在蓝天自由地翱翔,这只是事物的外表与现象,这是意识能动地认识客观世界的体现,随着人类生产方式的不断进步,我们还知道了人类飞天必须克服地球的引力,必须按照客观规律办事。意识能够正确地反映客观事物,早已被人的实践活动所证实,人类世世代代在意识的指导下进行改造世界的活动,虽有失败,但更有成功,而且随着历史的发展,成功的活动越来越多。既然人类在实践活动中能够取得成功,达到预期的目的,那就说明原有的认识符合客观事物的状态、属性和规律,证明意识能够正确地反映客观事物。

但是,由于历史条件的限制,每一个阶段的人们对客观事物的认识总是有限的,但是随着人类实践和人类社会的不断发展,人们对客观事物的认识也在不断地深化。世界上没有不可认识的事物，只有尚未被认识的事物。我们应当对自己有自信，为我们的意识能够正确地反映客观事物而自豪。在原始社会初期的时候，由于当时的生产力水平十分低下，人们不能对火的现象做出正确的解释，害怕它，躲避它。但随着生产力的发展，人们逐渐对火有了认识，懂得利用火来取暖、煮食。这就说明，人类的认识是不断深化的。

意识能够正确地反映客观事物，但并不等于说每个人的意识随时随地都是正确的。人们面对同一个客观事物进行思考，由于主客观条件的制约会出现正确与错误的差别。客观方面的原因，最根本的是社会历史条件的制约，特别是社会实践所达到的广度和深度的制约。爱因斯坦说："你能不能观察到事物，取决于你运用什么样的理论，理论决定你能够观察到什么事物，它在告诫我们，要多学习科学理论，以正确认识事物。"

总之，由于主、客观方面的原因，人们的意识未必都是正确的。我们应当在历史条件和现实条件的基础上，着重从主观方面努力，尽力正确反映客观事物。

第二方面：意识能够反作用于客观事物。意识的能动作用不仅仅在于能够反映客观事物，更重要的在于能够通过指导人们的实践，从而反作用于客观事物，能动地改造世界。意识存在于我们的头脑当中，人们只能用语言表达它，用文字记录它，不能用它直接作用于客观事物。虽然只靠单纯的意识不会引起客观事物的变化，但是，意识却有一种本领，那就是作为一种无形的力量在不停地告诉人们，应该去做什么，以及怎样去做。在实践活动中，意识总是指挥着人们使用一种物质的东西去作用于另一种物质的东西，从而引起物质具体形态的变化，这就是意识对客观事物的反作用。意识赋予人的活动以目的性和计划性。人与动物不同，动物的活动是本能，是无意识的，而人认识和改造世界，总是从一定的需要出发，抱有一定的动机和目的，总要预先确定活动的方案、方法和步骤。例如，蜜蜂筑巢是它的本能，不需要预先计划，但在建筑工人盖房子之前，总是需要设计师画好蓝图，然后才由工人按照图纸进行劳动而成的。意识通过实践对客观世界的改造作用，这是意识对事物反作用的最突出表现。

（二）要正确地发挥意识的主观能动性

田鼠在恶劣环境中生存，需要自己觅食，并常常处于强敌包围之中，一旦失去活力便意味着死亡。生存的需要，使得田鼠的智慧得到磨练，潜能得以发挥，种群得以繁衍。日本经济联合会会长、被誉为"日本经济成就的象征"的经济巨头——士光敏夫大力提倡"田鼠精神"。他发现有人在顺利时显得很神气，对什么都应付得很漂亮，一旦遇到不利形势、恶劣环境就不行了，究其原因就在于他们缺乏向困难挑战的气概和生存能力。士光敏夫认为，这种潜能未得以充分发挥的人，应该多多学习"田鼠精神"。这告诉我们主观能动性是人类特有的能力和活动。人们要想在认识世界和改造世界的活动中有所建树，就必须充分发挥主观能动性。虽然主观能动性的发挥受到客观条件的制约，但这种制约反过来也给人们发挥主观能动性提供了广阔的天地。因此，人们要发挥主观能动性就必须要有吃苦耐劳、百折不挠的精神，让智慧得到磨练，潜能得到发挥。既然意识具有巨大的能动性，能在人类认识世界和改造世界的过程中发挥巨大的作用，那我们就应该积极发挥意识的主观能动性。

要正确发挥意识的能动作用，必须科学地理解物质与意识的关系。在坚持物质决定意识的前提下，要看到意识的能动反作用。对意识能动作用的估计要恰当，既不能夸大也不能缩小。唯心主义夸大了意识的能动作用，导致了唯意志论；形而上学唯物主义否定了意识的能动作用，导致了消极无为的机械决定论。

正确发挥意识的能动作用，离不开社会实践。实践是物质和意识相互转化的唯一桥梁和途径。意识是一种精神力量，要使它变为现实的物质力量，只能通过实践。

意识能动作用的实现必须依赖一定的物质条件和物质手段。人们认识世界、改造世界的物质条件和物质手段越先进，人们认识、改造世界的能力也就越强。人们对客观世界的认识程度，同物质技术条件的发展水平有着密切的联系。要认识天体，就要借助望远镜、光谱分析仪、航天探测器等设备；要认识微观粒子，就需要借助基本粒子探测器、基本粒子加速器等技术设备。至于改造世界，则更需要借助一定的物质条件和手段。没有物质条件和物质手段，人的意识再怎么强大也创造不出任何物质的东西来。例如：造房子的时候，需要有砖、水泥、人们的劳动，如果没有这些的话，仅仅靠人的意识活动是不能造出房子来的。

正确发挥意识的能动作用，最根本的是要正确处理好发挥主观能动性和尊重客观规律的关系。发挥主观能动性与尊重客观规律是辩证的统一。一方面，正确认识和掌握客观规律，是科学有效地发挥主观能动性的前提。主观能动性发挥的程度，是同对客观规律的认识成正比的。另一方面，要认识和利用客观规律又必须充分发挥主观能动性。规律深藏于事物的内部，要掌握它并不是容易的事；按规律办事也会存在诸多困难和阻力。总之，只有在客观物质条件允许的范围内，正确处理尊重客观规律与发挥人的主观能动性的关系，把高度的革命热情同求实的科学态度结合起来，才能充分发挥主观能动性，才能开辟我国社会主义现代化建设的新局面。

第三节　多样世界的共同点是物质

世界上复杂多样的各种现象都是物质世界自身的表现，世界的统一性就在于它的物质性。世界的物质统一性原理有三重意义：一是世界的本原是物质不是精神，坚持唯物主义反对唯心主义；二是世界只存在物质这一共同的本质，没有与物质平行而独立存在的精神本原，坚持世界本原问题上的一元论，反对二元论；三是世界统一于物质的最本质属性即客观实在性，而不是统一于某一具体物质形态或具体物质形态的某一属性，世界是在物质即客观实在性基础上的多样性统一，在世界统一性问题上要坚持辩证法，反对形而上学。世界上的事物千差万别、多姿多彩，但它们又有着共同的属性，即物质性，世界是物质的。物质是标志着客观实在的哲学范畴，是对一切可以直接或间接从感觉上感知的事物的共同的本质属性的抽象。现代宇宙学的"大爆炸"假说认为，我们现在所观察到的宇宙，起源于100亿年前的一次温度极高、密度极大、体积极小的"原始原子"的大爆炸。爆炸后，经历强子、轻子、氢离子等阶段，飞散开去的"原始原子"继续向四面八方膨胀。由于温度下降，演化出各种元素，相继出现了宇宙中不同的星系、恒星、行星，其后又演化出生命体。"宇宙大爆炸"的假说是有待验证的科学理论，但其较好地解释了许多重要的事实，回答了许多疑问，因而得到了基本肯定。这一理论说明，我们的宇宙以及宇宙中的万事万物，都有着共同的起源——物质，从而为辩证唯物主义的"世界统一于物质"的观点提供了有力的支持。

一、为什么说世界的本质是物质

马克思主义哲学以实践和科学材料为基础，科学地回答了世界的本质问题。

（一）自然界是物质的

自然界中的万事万物都是物质的具体表现形式，无限多样的自然物质都具有客观实在性。

现代自然科学以大量确凿的事实证明着自然界的物质性，整个宇宙中只存在着以时间和空间为自己存在形式的运动着的物质，其基本形态是实物和场。它们相互联系，相互转化，构成宇宙中各种物质形态。

自然界先于人和人类社会而存在。地球形成于大约45亿年前，人类出现则是近两三百万年的事情。

在人类产生以后，自然界的存在和发展也是不以人的主观意志为转移的，人类社会的存在以自然界的物质存在为基础。现代科学表明，自然界是由化学元素构成的，宇宙天体的化学元素与地球上的化学元素没有什么区别，构成生物体的化学元素与构成非生物体的化学元素也没有本质不同。自然界中的各种化学元素本身不是生命现象，化合物有序地结合在一起，就能构成生命体，表现出生命现象。人为了自己的生存与发展，不仅能有意识地在阳光下沐浴，还能有意识地制造出太阳能热水器，建立太阳能电站，把太阳能转换为热能和电能等。但是，太阳的存在和变化并不会因此而依赖于意识。人能够有意识地合理开采水资源，修建水库，灌溉发电，以满足自己的需求。即使这样，水的存在以及水的各种属性、水的流动规律，都不会以人的意识为转移。

（二）人类社会是物质的

理解自然界的物质性比较容易，而理解社会的物质性就比较困难。这是因为，自然界的万事万物没有意识，它们的变化发展完全是自发进行的；而社会是由人组成的，一切社会活动都是人所进行的活动，人在自己的活动中又总是抱有某种愿望，追求某种目的，受一定思想动机的支配。这就是说，社会的存在与发展不同于自然界，社会活动是人有意识的活动。既然如此，要说人类社会是不依赖于人的意识，是物质的、客观的，就难免会使人感到困惑。

事实上，人类社会的物质性可以通过两个方面来理解：

首先，社会存在是物质存在。人类社会作为物质存在，其物质生活条件，其中包括地理环境、人口和物质资料生产方式都是客观的。地理环境是人类存在的自然条件，是大自然中与人类社会所处的位置相联系的各种自然条件的总和，如气候、土壤、山脉、河流等，它是社会存在和发展的经常的、必要的条件，但不是社会发展的决定因素。人口生产与物质生产一起构成人类社会存在和发展的基础，但人口生产本身对社会发展不起决定作用，人口既不能决定社会的性质，也不能决定社会制度的更替。物质资料生产方式包括生活资料的生产和生产资料的生产两个方面，是生产力和生产关系的统一。在社会生活诸因素中，物质资料生产方式是社会发展的决定力量，这是由于：其一，生产方式是人类社会赖以存在的基础，是社会这一特殊机体的物质承担者；其二，生产方式决定着社会的结构、性质和面貌；其三，生产方式的变化决定着整个社会历史的变化，决定社会形态的更替。

其次，社会的发展是自然历史过程。人类社会同自然界有着天然的联系，它是统一的物质世界的一个组成部分，是自然界发展到一定阶段的产物。有一种观点认为，社会生活的变迁、社会的发展是由人的愿望、目的、动机决定的，尤其是杰出人物的意识起决定作用。这种观点夸大了意识在社会生活中的作用，否认了社会生活的客观性。还有一种观点认为，神灵天意决定着社会的变化和人间的祸福。这不过是神创论在社会历史观上的表现罢了。

社会生活是多方面的，既有经济生活，又有物质生活。社会生活各个方面的发展都受某种客观规律的支配。人的意识虽然在一定程度上能够影响社会生活的具体面貌，但不能决定社会生活的本质和发展方向。例如，商品经济的运行是受价值规律支配的,人们贱买贵卖的愿望只能在一定程度上影响它,但不能决定它。

(三)意识是物质的产物

从意识的起源来看,意识是物质世界发展到一定阶段的产物;从意识的本质来看,意识是人脑的机能和属性,是客观存在在人脑中的反映。意识虽然是通过主观的形式表现出来的,但意识的内容归根到底来自于客观存在的事物,没有客观存在的事物,就不会有对客观事物的意识。意识是依赖于物质而存在的。

二、掌握世界的物质统一性原理,具有重要意义

首先,世界的物质统一性原理是马克思主义哲学大厦的基石,它在马克思主义哲学中占有基础地位。马克思主义哲学的一系列原理、原则都是以世界的物质统一性原理为理论根据的。掌握世界的物质统一性原理,是学好马克思主义哲学的重要环节,也是同形形色色的唯心主义和形而上学开展斗争的理论武器。

其次,世界的物质统一性原理是我们从事实际工作的科学世界观和方法论。既然物质世界是以运动、时间、空间为存在形式,按照固有规律运动着的物质世界,那么我们在任何时候、任何条件下,无论做什么工作,都要毫无例外地按照世界的本来面目去认识它。一切以时间、地点、条件为转移,从实际出发,实

事求是，是辩证唯物主义一元论的根本要求，也是我们做好各项工作的前提。

最后，世界物质统一性原理是我党的思想路线的理论基础，是建设中国特色社会主义的强大思想武器。建设中国特色的社会主义必须以马克思主义为指导，从中国的国情出发，走出一条有中国特色的社会主义现代化道路。为此，就要求我们广大干部和群众深入实际，调查研究，从客观存在的事实出发，制定出路线、方针、政策、计划、方案、办法来，切忌想当然地制定路线、方针和政策。尊重客观规律，按照客观规律办事，是我党的优良传统和作风，也是共产党人党性的集中表现。总结我国多年革命和建设的经验，只要坚持了从实际出发、实事求是，革命和建设事业就兴旺发达；否则，革命和建设事业就遭受挫折。"法轮功"是以李洪志为首的一些邪教分子所宣扬的邪教迷信，它蛊惑群众，鼓吹"法轮大法"，宣扬只要练就"法轮大法"就可以治百病，不需要打针吃药，很多群众因此上当受骗，陷于其中，无法自拔，也有很多人为此付出了生命的代价。这是极端荒谬的邪教理论，我们必须坚决地与其作斗争。

我们看待事物和分析问题必须要在坚持实际情况的基础上发挥创新精神，站在上升、前进和发展的立场上，满腔热情地促进新事物的成长壮大，实现事物的发展。而不能思维僵化，墨守成规和安于现状。

据说，在一次鸡尾酒会上，有人向约翰·冯·诺伊曼（1903-1957，20世纪最伟大的数学家之一）提出一个数学问题：两个男孩各骑一辆自行车，从相距20英里的两个地方，开始沿直线相向骑行。在他们起步的那一瞬间，一辆自行车车把上的一只苍蝇，开始向另一辆自行车径直飞去。它一到达另一辆自行车的车把，就立即转向往回飞行。这只苍蝇如此往返，在两辆自行车的车把之间来回飞行，直到两辆自行车相遇为止。如果每辆自行车都以每小时10英里的等速前进，苍蝇以每小时15英里的等速飞行，那么，苍蝇总共飞行了多少英里？因为要求解苍蝇总共飞行了多少英里，所以，许多人便先计算苍蝇在两辆自行车车把之间的第一次路程，然后是返回的路程，依此类推，算出那些越来越短的路程。但这将涉及所谓无穷级数求和，是非常复杂的高等数学问题。约翰·冯·诺伊曼思索片刻便给出正确答案：15英里。提问者显得有点沮丧。约翰·冯·诺伊曼解释说，绝大多数数学家总是忽略能解决这个问题的简单方法，而去采用无穷级数求和的复杂方法。

约翰·冯·诺伊曼的成功之处就在于：他不像许多人那样，从"苍蝇飞行"的角度出发求解飞行距离，而是打破常规，从两辆自行车相遇开始思考。每辆自行车运动的速度都是每小时10英里，这就是说，苍蝇无论如何往返，其飞行的时间只能是1小时，因为两辆自行车将在1小时时相遇于20英里距离的中点，这样，苍蝇总共飞行的距离就是15英里/小时×1小时=15英里。

　　主观与客观总是存在着一定的差距，我们应该放眼实际，一切从实际出发，尽力使主观符合客观，不能空想，也不能好高骛远，这样才能在实际生活中保持平和的心态，找到属于自己的位置。大学一毕业，很多人面临着找工作的问题。大部分同学觉得自己读了大学，有了高学历，就应该找一份薪水高、环境好、不劳累的工作，以至于在找工作的过程中出现"高不成，低不就"的现象。其实主观预想不等于实际需要，实际需要不等于实际可能。我们每个人都要根据客观实际，尊重实际需要，在人生发展的多种可能性之中，选择适合自己的人生道路。

第三章

联系和发展：世界是怎么样运转的

当我们深思熟虑地考察自然界、人类历史和精神活动的时候，首先呈现在我们眼前的，是一幅由种种联系无穷无尽地交织起来的画面，是一幅普遍联系和变化发展的辩证图景。唯物辩证法就是对这幅生动画面、辩证图景的理论再现。联系的观点和发展的观点是唯物辩证法的总特征，是人们考察事物、分析问题的基本原则。唯物辩证法的基本规律和范畴，归根结底都是从各个方面揭示事物的普遍联系和永恒发展的。

第一节　世界是普遍联系的

"唇亡齿寒"体现了事物普遍联系的观点。事物内部和事物之间相互影响、相互制约，如同唇齿相依。"城门失火，殃及池鱼"，"大河有水小河满，小河无水大河干"，"螳螂捕蝉、黄雀在后"等，同样也体现了事物之间的普遍联系。而"竭泽而渔"却违背了事物普遍联系的观点，看不到事物之间相互影响、相互制约的关系，只顾眼前利益，忽视了事物前后相继发展过程的长远利益。"杀鸡取卵"、"毁林种田"等，同属此类。

联系是指一切事物、现象之间以及事物内部诸要素之间的相互依赖、相互制约、相互影响、相互作用。联系具有客观性、普遍性、多样性和条件性的特征。

一、联系的普遍性

物质世界是普遍联系的，没有什么事物是孤立存在的，人类所面对的世界，大至宏观的宇宙，小到微观粒子，一切事物和现象都不是彼此孤立的，都在和周围的事物进行着物质、能量、信息的交换和传递，处于普遍联系之中。这就要求我们认识事物的时候看到它们之间的联系，防止孤立片面。例如，尽管地球和太阳的直接距离是1.5亿公里，但是太阳对地球有巨大的吸引力，而地球对太阳也有很强的离心力，这两种力相互作用，才使得地球以每秒30公里的速度围绕太阳运动。又如，目前世界经济日趋一体化，国际性的经济技术和思想文化交流更加频繁，世界各国之间的联系和交往日益密切，世界经济、政治、文化是一个普遍联系的整体，各国在相互作用、相互制约之中发展。再如，自然界中的食物链，反映的也是一种普遍联系的现象，鹰吃蛇，蛇吃田鼠，田鼠吃庄稼，鹰、蛇、田鼠的粪便又养肥了庄稼。总之，事物之间是普遍联系的，世界是一个普遍联系的整体。

二、联系的客观性

联系的客观性是指联系是事物本身所固有的客观现象，是不以人的主观意志为转移的，也不是人们强加给事物的。世界上没有孤立存在的事物，每一种事物都是和其他事物联系着而存在的，这是一切事物的客观本性。联系是客观事物所固有的本性，即真实的联系都是客观事物本身所固有的联系，而不是外加给事物的凭空想象出来的联系。

例如，一般人会认为数字"4"和"7"就代表不吉利，"9"、"8"、"6"就代表吉利，有"9"、"8"、"6"的手机号码就卖得贵一些，这些数字和吉凶之间的联系就是主观臆造的。又如，2007年是农历丁亥年，是60年一遇的"金猪年"，不少青年夫妇把孩子的出生时间锁定在该年，认为这一年出生的"金猪宝宝"有福气。从哲学上讲，将个人命运同生肖联系在一起是不足取的，因为联系是客观的，不能以想象的联系代替事物固有的联系。

所以，要坚持普遍联系的观点，要从客观事物本身所固有的联系出发，反对用主观臆想的联系强加于客观事物，去代替客观事物本身的联系。普遍联系的观点作为唯物辩证法学说的基本观点，同其他观点一样，也是建立在唯物论的基础之上的，坚持了联系的客观性，就是在联系观点上坚持了唯物论。

三、联系的多样性

联系具有多样性。由于事物和现象之间的联系是具体的，因而事物的普遍联系必然是复杂多样的。不同的物质与运动形式之间、不同的事物和现象之间存在不同的联系。事物之间的联系也随时间和条件的变化而变化。联系多样性的表现形式主要有直接联系与间接联系、内部联系与外部联系、本质联系与非本质联系、必然联系和偶然联系等。

世界的物质统一性是多样性的统一，事物的联系也是复杂多样的，联系是普遍的，又是多样的。唯物辩证法在肯定联系的普遍性的同时，又要求具体地分析联系的特殊性，即认识联系的多样性，如果不去分析和研究联系的多样性、特殊性，那么，所谓坚持普遍联系的观点就会成为一句空洞的话，就会成为毫无意义的东西。

从自然科学的角度看，物质世界有物理的、化学的、生物的联系形式，单就物理的联系来讲，又可分为力学的、电的、声的、光的等多种形式。对于无限多样的联系，如果从哲学所研究的范围考察，有直接联系和间接联系、一般联系和个别联系、内部联系和外部联系、本质联系和非本质联系、必然联系和偶然联系等。不同的联系从不同侧面、不同层次、不同性质方面，表现出事物整体的不同特征，对事物的存在和发展起着不同的作用。对事物在存在和发展过程中起支配作用的是事物本身发展的规律性。

按照事物联系的根据和条件，可以把联系区分为内部联系和外部联系；按照事物之间的联系有无中间环节，可以把联系区分为直接联系和间接联系；根据事物之间联系的性质，可把联系区分为本质联系和非本质联系；依据事物之间联系有无确定的趋势和方向，可把联系区分为必然联系和偶然联系；按照联系的空间和范围，可以把联系区分为全局联系和局部联系，或整体联系和部分联系；按照联系的时间和顺序，可以把联系区分为历史联系、现实联系和未来联系。此外还有因果联系，内容和形式的联系等。总之联系是多种多样的。

四、联系的条件性

事物之间的联系不能脱离一定的条件而存在，认识事物联系的多样性，就必须分析和研究各种不同的条件。联系的条件性是指任何联系都必然是事物之间的相互制约，相互联系的事物彼此互为条件。同某一事物相联系的、对它的存在和发展发生作用的因素就是这个事物的条件。一切以条件、地点和时间为转移，这是唯物辩证法的一个根本观点。例如，人不能离开空气、阳光、水分、粮食而生活，它们就是人存在的诸多要素中的一部分；一个人的成功靠勤奋、机遇、自身素质、社会为他的成功所创造的条件等。事物所处的条件是复杂多样的，有内部条件和外部条件，有利条件和不利条件，主观条件和客观条件。

既然世界上每一个事物、现象都处在普遍联系之中，那也就是说，每一事物、现象的存在和发展，都受着它所处的周围条件的影响、作用和制约。具体事物的联系总是一定条件下的联系，联系和条件是密切相关的，承认普遍联系也就得承认一切具体事物都是有条件的，只有"有条件"这一点才是无条件的。

第二节　世界是永恒发展的

一、发展的实质是旧事物的灭亡和新事物的产生

唯物辩证法通常用运动、变化、发展等概念来表述自己的发展观。但是，运动的概念和发展的概念是有区别的。所谓发展，就不是同一事物的简单重复、单纯的数量增减和位置的移动，而是新事物不断产生，旧事物不断灭亡，简言之，就是新生旧死。毛泽东同志在《矛盾论》中用了新陈代谢、推陈出新、除旧迎新等术语来表

达发展的实质和内容，这是很恰当的。

二、什么是新事物

所谓新事物就是指符合发展的前进方向，具有远大前途的事物。旧事物是指丧失了存在的必然性、日趋灭亡的事物。这个定义比较明确地指出了新事物不同于旧事物的特点，这可以从两个方面来理解。

首先，新事物是历史发展中进步的东西。所谓进步，就是说它符合发展趋势，代表发展方向，体现着未来，这就和那种丧失了存在的必然性的旧事物有了本质区别。

其次，新事物是具有远大前途的东西。所谓具有远大前途，就是说，它有充分发展的余地，还有强大的生命力。我们平常所讲的"方兴未艾"、"喷薄欲出"、"含苞待放"说的都是刚刚兴起、朝气蓬勃的新事物，而不是强弩之末、日暮途穷的旧事物。这样，新事物就和那种已经在日趋灭亡的旧事物形成了鲜明的对比。

总而言之，区分新旧事物的唯一标准、根本标志，就是看它是否同历史发展的必然趋势相符合，而不能另立其他的标准，例如，不能把一种事物出现时间的先后、形式上是否新奇、暂时的力量对比等，作为区别新旧事物的标准，更不能靠人们主观上的自封。

三、新事物必然战胜旧事物是不可抗拒的客观规律

我们常以,"野火烧不尽,春风吹又生","雨后春笋","长江后浪推前浪,世上新人超旧人","星星之火,可以燎原"等语句来形容新事物的生命力和不可战胜性,说明新陈代谢即新事物不断产生、旧事物不断灭亡,是宇宙间普遍的、不可抗拒的规律。那么,新事物为什么必然会战胜旧事物呢?总的来说,是由于新旧事物的本质特点和事物发展的辩证本性所决定的。具体来说,有三点内容:

第一,新事物萌发、产生于旧事物内部,是在旧事物的"母腹"中孕育成熟的,因而它是旧事物所无法消除的东西。这一点是说,新事物与旧事物总是一个矛盾的统一体,新事物对于旧事物来说,一方面,它是促使旧事物灭亡的因素;另一方面,它又是旧事物所赖以存在的因素。旧的一方如果否定了新的一方,旧的一方也就失去了存在的条件和可能,所以,这就注定旧事物是无法代替、无法消除新事物的。

第二,新事物比旧事物更能适应发展的条件和要求,因而更富于生命力。例如,生物在进化中产生的新的变异品种,是以适应外界环境的变化为依据的,所以能得到进一步巩固和发展;社会的进步是以符合生产力发展要求和广大人民利益为依据的,所以就更富于生命力。当然,在社会历史领域中,我们常常会看

到这种现象，即一种新的事物在开始时往往得不到支持，相反会遭到残酷的迫害和打击，因而受到挫折。这一点不能说明新事物不正确，而是说它的力量一时看来还比较弱小，一时还不能为大多数人所接受，但是随着时间的推移，它总会得到人民群众的支持，从而战胜旧事物。这一点，恰恰说明新事物更富于生命力，而不能得出相反的结论。

第三，新事物吸取了旧事物中合理的成分，克服了消极的成分，又有新的创造，因而具有更丰富、更高级的内容。因此，就具有旧事物所不可比拟的优越性。例如，社会主义制度既吸取了资本主义社会的高度发达的生产力，又在这个基础上建立了适应于生产力发展的社会主义生产关系，因而就大大促进了生产力的发展，具有资本主义制度所不可比拟的优越性。

当然，我们说新事物必然战胜旧事物是不可抗拒的客观规律，这在任何意义上都不是说新事物战胜旧事物的过程是一帆风顺的，而是认为这个必然战胜的过程是一个曲折的发展过程，是需要经过斗争的。任何新事物的产生和成长，都意味着对旧事物的否定，所以这就必然要遭到旧事物的拼死反抗。新事物在开始的时候总是弱小的，它在克服旧事物成功后的一段时期里，新旧事物之间的斗争并不会马上停止，有时候，旧事物还可能会复辟，新事物还需要继续进行更加艰苦的斗争，所以，这就注定新事物战胜旧事物的过程是一个曲折的发展过程。这个问题在社会领域尤为突出。

四、唯物辩证法关于新事物不可战胜原理的实践意义

新陈代谢的规律是无产阶级革命英雄主义和革命乐观主义的客观基础。掌握这一原理对于坚定无产阶级立场，树立共产主义人生观具有极为重要的意义。就是说，运用新生事物不可战胜的规律去理解社会历史，可以使我们确立共产主义必胜的坚定信念，增强为美好事业奋斗的革命精神。这是因为共产主义同资本主义相比，是一种崭新的思想和社会制度，有强大的生命力，符合社会历史发展的客观规律，一定能在全世界取得胜利。

既然新生事物开始是弱小的但又是不可战胜的，那么，马克思主义学者对待新生事物的正确态度应当是，在实践中自觉地、坚定地站在新生事物一边，善于发现和热情扶持新事物，做新事物的促进派，而不是做鲁迅先生所批评的那种"在嫩苗上驰马"的人。

发展的观点和普遍联系的观点是密不可分的。事物的联系总是通过事物之间的相互作用表现出来的，正是事物之间的相互影响、相互制约和相互作用构成了事物的运动。形而上学之所以否认运动，首先是因为它否认了联系。事物之间相互作用的结果，使事物原有的状态和性质发生或大或小的变化。联系构成运动，运动引起变化，变化的基本趋势是发展。发展是运动变化的结

果，但并非任何的运动变化都是发展。唯物辩证法所理解的发展是前进上升的运动，其实质是新事物的产生和旧事物的灭亡。所谓新事物，是指符合历史发展的必然趋势，代表社会历史的前进方向、具有强大生命力的事物。

新事物在最初出现的时候总是比较弱小的，但由于新事物符合历史发展的客观规律、代表了社会前进的方向，克服了旧事物中一切消极的、腐朽的东西，批判继承了旧事物中一切积极的、合理的因素，所以，它在内容上总是比旧事物丰富，在形式上比旧事物高级，具有旧事物不可比拟的优越性。尽管新事物的成长要经历由小到大、由弱到强的曲折发展过程，但新事物取代旧事物是历史的必然。

第三节　发展的三大基本规律

孔子带他的弟子瞻仰鲁桓公宗庙，在案桌上发现一只形状古怪的酒壶。孔子问守庙人："这是什么酒器？"守庙人回答："是君王放在座右作为铭志用的酒壶。""啊，我知道它的用处了！"孔子回头对弟子们说，"快取清水来，灌进这口酒壶里。"弟子取来一大瓢清水，徐徐注入酒壶，大家都屏息静气地看着。只见水注入不多时，壶身开始倾斜了；接着当水达到壶腰时，酒壶却又重新立得端端正正的；再继续灌，水刚满到壶口，酒壶就砰的一声翻倒在地。大家都莫名其妙，一起抬头看着孔子。孔子拍手叹道："对啊，世上哪有满而不覆的事物啊！"子路问："老师，请问这个酒壶虚则倾，中则正，满则覆，其中可有道理？""当然有！"孔子对大家说，"做人的道理也同这只酒壶一样的"，"聪明博学，要看到自己愚笨无知的一面；功高盖世，要懂得谦虚礼让；勇敢孔武，要当作还很怯弱；富庶强盛，要注意勤俭节约。人们常说的不偏不倚，取长补短，也就是这个道理。"

辩证唯物主义认为，规律是指事物运动过程本身所固有的、本质的、必然的联系。规律的存在和发生作用具有普遍性和客观性。这就要求人们发挥主观能动性必须以尊重规律的客观性为基础，才能做到解放思想、实事求是、与时俱进。"怪酒壶"有它自身的属性和规律性，当孔子的弟子"遵循规律"时，"中则正"，没有按规律办事时，便"满则覆"。这启示人们：只有正确地认识并利用规律为我们办事，才能达到预期的效果。

世界处在普遍联系和永恒发展之中，而联系和发展又是有规律的。任何一门科学都以研究和把握某种规律为己任。作为一门科学，唯物辩证法研究并揭示了自然、社会和思维发展的一般规律。其中基本的规律是：质量互变规律、对立统一规律和否定之否定规律。其中，对立统一规律是唯物辩证法的实质和核心。

一、质量互变规律

当人们研究事物的联系和发展时,首先就会遇到质和量的关系。质量互变规律揭示出任何事物都具有质的规定性和量的规定性,都表现为质与量的统一;量变与质变是事物运动的两种基本状态,一切事物的变化发展都表现为由量变到质变和由质变到量变的质量互变过程。

(一)质、量、度

一切事物都具有一定的质和一定的量,都是质和量的统一体。

质是一事物成为它自身并区别于他事物的内部所固有的规定性。特定的质就是特定的事物存在本身,质和事物的存在是直接同一的。某物之所以存在,之所以是它自己,并与他物相区别,就在于它具有自身的质的规定性。

由于各种事物都具有自身的特定的质,因而世界上的事情呈现出五彩缤纷、千差万别的生动景象。

质和事物的直接同一具有两方面的含义:其一,事物总是具有一定质的事物,不具有一定质的事物是根本不存在的;其二,质又总是一定事物的质,脱离一定事物的质也是根本不存在的。由于质与事物直接同一,因而它是事物内在的规定性。这种内在的规定性只有通过这一事物与他事物的关系，通过事物之间的区别才能表现出来。一事物与他事物的关系是复杂的，因而事物的质往往表现为多种多样的属性或特性。属性就是一事物与他事物在相互联系中表现出来的质。

事物本身所具有的属性是多方面的，其中有本质属性和非本质属性。不同的属性，对于确定事物的质具有不同的作用。确定事物的质要考虑到各方面的联系和作用，把握事物各方面属性的总和。但是，要在事物的诸多属性中，确定哪些是对事物的质具有决定作用的本质属性，必须考虑到社会实践的需要，把实践作为实际的确定者。离开人类实践去确定事物的质，也就失去了实际意义。

量和质一样，也是事物所固有的一种规定性，它是事物的规模、程度、速度以及它的构成成分在空间上的排列组合等可以用数量表示的规定性。例如，物体的大小、质量的疏密、运动的快慢、温度的高低以及分子中的原子数量的多少和排列组合的不同等，都是事物量的规定性。量的规定性又可区分为内涵的量和外延的量。外延的量是表示事物存在的范围和广度的量；内涵的量是表示事物等级程度、构成方式、功能过程的量。

质和量是事物两种不同的规定性，质和事物的存在是直接同一的，而量与事物的存在并不直接同一。同一事物在一定范围内数量的增减、功能的变化、结构的变动并不影响某物之为某物。

而量总是存在着一定的变化幅度的。

任何事物都同时具有质和量两个方面，是质和量的统一体。在现实世界中，不存在有质无量之物或有量无质之物，不存在无量之质或无质之量，质和量总是结合在一起的。

作为质和量之统一的度，就是事物保持自己质的量的限度、幅度、范围，是和事物的质相统一的数量界限。例如，在一个标准大气压下，水的度就是0度至100度，在这个幅度内，水保持其自身不变。如果超出0度至100度这个范围，突破度的两个关节点或临界点0度或100，水就失去自己的质，而变成冰或水蒸气了。在度中，质和量处于不可分离的统一中。

首先，度是质和量的互相结合。一方面，量中有质，度中的量不是单纯的量，而是具有一定质的量；另一方面，质中有量，度中的质也不是单纯的质，而是具有一定量的质。其次，度又是质和量的互相规定。质规定着它的对立面量，如水规定着它的温度是0度至100度；量也规定着它的对立面质，如0度至100度则规定着与这个温度相对的质是水。质和量的互相结合和互相规定，使质量双方在特定的度的范围内处于统一状态，形成某物之所以为某物的质和量的统一体；一旦某物的质和量的统一体发生分裂，也就是度的超出或破坏，某物就会转化为他物而形成新的质和量的统一体。

质、量、度作为规范事物存在的基本范畴，转化为方法论就是定性分析、定量分析及其统一。定性分析是判断事物所具有的各种因素、属性及其运动状态的分析；定量分析是判定各种因素、属性的数值和数量关系的分析。定性分析和定量分析的关系是辩证的，如同认识事物首先是认识事物的质一样，对事物的初始研究也开端于定性研究。没有对事物性质的大致的研究，就不能把这一事物与他事物区分开来，也就不会有对这一事物更深入的认识。因此，定性研究是定量研究的基础。但只有定性研究是不够的，还必须在此基础上进行定量研究，定量研究是定性研究的深化和精确化。如果对事物的分析仅仅停留在定性上，不了解决定事物质的数量界限，那么，对事物性质的认识只能是初步的，在实践中就难以提出明确的具体的指导。以人造卫星为例，如果对它的各方面的数量关系，如第一宇宙速度、火箭推力、各种轨道参数等没有准确甚至精密的数据，那么，对人造卫星性质的了解就是不精确、不完整的，从而也无法把它制造出来，送上预定的轨道。

在研究事物时，我们可以先采用定性的方法，而暂时撇开它的量；也可以采用定量的方法，而暂时撇开它的质。但要真正认识和把握事物，必须由质进入到量，必须把定性方法与定量方法统一起来，把握度，在实践活动中掌握"适度"原则。所谓"适度"，其基本含义就是主观的认识和行为必须同客观事物的度相适合。俗语所说"注意分寸"、"掌握火候"、"划清界限"、

"过犹不及",讲的都是要"适度"。这就是说,并不是在任何情况下都要使量的变化破坏质的规定性或超出度的界限。相反,在很多场合下都要求保持事物的度,从而使量变在一定程度内进行,以保证事物正常和健康的发展。因此,不能认为在任何情况下质的改变、度的破坏都是好事,也不能把度的保持都视为保守。"过"和"不及"都是错误的。

(二)量变、质变及其相互转化

事物的运动变化发展是通过量变和质变表现出来的。量变和质变是事物变化的两种基本形式或两种基本状态。量变即事物量的变化,是事物在原有性质的基础上,在度的范围内发生的不显著的变化,包括数量的增减、场所的变动、组成要素排列次序的变化和事物功能的变异等形式。人们平常看到的统一、相持、平衡和静止等,都是事物处于量变过程中所呈现的状态和面貌。质变是事物性质的变化,是一种质态向另一种质态的转变。质变表现为根本性的、显著的突变,是对原有度的突破,是事物的连续性和渐进性的中断。统一物的分解、相持、平衡和静止的破坏等,就是质变过程中所呈现的面貌。事物的变化是否超出度,是区分量变与质变的根本标志。

量变与质变相互联系、相互包含,并在一定条件下相互转化。

第一，量变是质变的准备，质变是量变的必然结果。

量变是质变的准备，没有一定的量变，就不会发生质变。这是因为：首先，质变必须有一个量的积累过程。质变本身是"渐进的中断"，具有突发性，但它却不是凭空发生的，而是以量变为基础，由量变所准备好了的。其次，质变必须由量变来规定其性质和方向。在量变过程中，实际上存在着两种相反的量的较量，准备着质变的条件。事物质变不仅取决于量的绝对值的增减，而且决定于双方力量对比的变化。这种变化不仅是质变的基础，还决定着质变的性质和方向。

质变是量变的必然结果，单纯的量变不会无限地持续下去，量变达到一定程度必然引起质变。量的变化本身就意味着对质的某种离异的倾向，具有潜在的破坏质的趋势。例如，当代科学的分化趋势，本身就是对以前的科学结构的偏离，这种分化的继续和发展也就要求新的综合，即科学结构的质变。因此，在事物的连续性（量变）中就孕育着非连续性（质变），包含着发生连续性中断的可能；当量变到达临界点，这种可能性就变为现实性。所以，事物质变的发生绝不是偶然的，而是必然的，是量变的必然结果。

第二，质变巩固着量变的成果，质变又引起新的量变。

质变是事物根本性质的变化，是新事物代替旧事物的飞跃过程。如果没有质变，量变本身最终也会为旧质的框架所局限而陷于停滞。质变打破了限制量变的旧框架，这就巩固了量变的成果，使量变在新质的基础上进一步发展。同时，质变使量变在新质的基础上、在新质的结构内，开始了更高层次的新的量变，使量变有了新的形式、新的广度和深度。因此，质变是事物的旧质向新质转化的决定性环节，它发生在新旧交替的关节点上。这个关节点，如同事物发展链条中的纽结一样，既是前一阶段量变的结束，又是新的阶段量变的开端；既把不同质的事物区分开来，又把它们联结起来而成为质量互变的契机或枢纽。

量变与质变的辩证关系说明，事物的发展总是先从量变开始。量变达到临界点超出了度，就导致质变，这是由量变到质变的过程；质变又引起了新的量变，这是由质变到量变的过程。事物的发展就是这样由量变到质变，又由质变到新的量变的无限循环往复，由低级到高级、由简单到复杂的演进过程。

第三，量变和质变的复杂性及其与突变的关系。

量变的复杂性，首先表现在量变形式的多样性上。量变形式基本可分为两类：一种是由数量的增减而引起的质变；另一种是由于构成事物的成分在空间关系即排列次序、结构形式上的变化而引起的质变。

质变的复杂性，首先表现在它的形式的多样性。在多样性的质变形式中，从质变过程中对抗与非对抗的角度，可以把它们划分为两类：爆发式的飞跃和非爆发式的飞跃。爆发式的飞跃是解决矛盾的一种对抗的质变形式，通过新旧事物的对抗，实现新旧事物的更替而非爆发式的飞跃是解决矛盾的非对抗的质变形式，它是通过新旧要素的对比变化逐渐兴亡而实现的质变。

在当代，突变论引人注目，有的人以此来否定事物的量变。实际上，突变论是对质变形式多样性的一种确证和说明。从根本上说，法国数学家托姆所创立的突变论是用数学模型方法来考察连续变化的，由一种结构稳定态到另一种结构稳定态突然跃迁的过程。结构稳定态相当于事物的量变状态，而不同的结构稳定态之间的突然跃迁，相当于事物的质变状态。突变论用严密的推导证明，当导致突变的连续变化因素少于四个的时候，突变有七种类型，即折叠型、尖角型、燕尾型、蝴蝶型、双曲型、椭圆型和抛物型；当导致突变的连续变化因素多于四个时，情况就更为复杂。托姆的突变数学模型已被用来解释自然界中由量变而导致质变的多样形式。突变论说明，事物质变的形式是千差万别、无限多样的。

二、否定之否定规律

（一）辩证的否定

任何事物都是肯定方面和否定方面的统一体。肯定方面是维持事物存在的趋势，是指事物中维持其存在的方面；否定方面是促使该事物灭亡的趋势，是指事物中促使其灭亡的方面。当肯定方面占主导地位时，事物保持它原有的性质和自身的存在，处于相对稳定的量变状态；当否定方面取得支配地位时，事物就转化为自己的对立面，实现旧质向新质的飞跃。

肯定和否定是对立的统一。肯定和否定是相互对立、相互排斥的，是事物内部所具有的两种互相对立的因素、趋势。但是，肯定和否定两个方面又是相互依存、相互渗透的。既没有离开否定的肯定，也没有离开肯定的否定。肯定中包含着否定，否定中也包含着肯定。

辩证的否定是事物的自我否定，否定是事物内部矛盾运动的结果，而不是外力作用的结果。辩证的否定具有两个重要特点：

第一，辩证的否定是发展的环节。事物的发展从根本上讲，是新事物的产生和旧事物的灭亡，是事物根本性质的变化，这种质变只有经过否定才能实现。

第二，辩证的否定是联系的环节。事物通过自身孕育的否定因素来否定自己，这个否定因素是吸取了事物自身发展中的一切有益的营养而生长的，当它作为新事物起来否定旧事物时，实际上是从"母腹"中汲取养料，带着新的成分和因素脱胎而出的。新事物总是带有旧事物的某些痕迹，总与它脱胎而出的事物有这样或那样的相似之处。所以，这种否定不仅无法割断与旧事物的联系，而且恰恰体现着新旧事物之间的历史联系。正因为新旧事物之间通过否定这个环节联系起来，才有发展过程中的连续性。

作为发展环节和联系环节的辩证的否定就是扬弃，而扬弃就是对旧事物既克服又保留：克服体现了发展过程的非连续性；保留体现了发展过程的连续性。事物经过辩证的否定而实现的发展过程，都是连续性与非连续性的统一，辩证的否定是包含着肯定因素的否定。

坚持辩证的否定观，就是要求人们在观察和思考事物时要采取科学的态度和方法。既要看到肯定方面，又要看到否定方面，要善于在肯定中把握否定，在否定中把握肯定。对待历史文化遗产采取批判地继承态度，吸取其精华，舍弃其糟粕，使其"古为今用"，"推陈出新"。应当借鉴世界各国一切优秀的成果，学习和借鉴要采取分析的态度，积极吸取先进、科学、有益的成分，也要抵制落后、谬误、有害的东西。

（二）事物的发展是前进性和曲折性的统一

事物由肯定、否定到否定之否定的过程，从表现形态和发展态势上看，呈现前进性和曲折性的统一。

上升性或前进性，是事物发展不可逆的基本方向和趋势。在由辩证否定所构成的事物发展的链条中，每一次否定都是"扬弃"，是质变。事物发展到否定之否定阶段，经过两次辩证的否定，克服了前两个阶段的局限性和片面性，保留了前两个阶段的积极因素，又增加了新的内容。它推动着事物从低级向高级发展。

但事物发展的具体道路是曲折的，事物的发展是螺旋式的上升、波浪式的前进。事物经过对立面的两次否定、两次转化，就表现为一个周期，表现为仿佛是"回到出发点的运动"，这种周期性既表现了事物发展过程的曲折性，又表现了事物发展过程的前进性。事物发展的曲折性的原因在于事物内部矛盾斗争及周围条件的复杂性，决定新事物否定旧事物要经过反复的斗争。由于某些偶然的原因，事物发展会出现暂时的倒退，这也是曲折性的一种表现。

螺旋式上升或波浪式前进，是事物发展的具体特征。否定之否定规律揭示了事物发展是前进性和曲折性的统一。

（三）把握前进性和曲折性的统一具有重要意义

事物的发展是螺旋式或波浪式发展的过程，我们在实际工作中应当认清事物发展的总方向、总趋势，坚持前进，反对倒退；同时又要客观地对待发展中的问题，充分估计到事物发展中的困难。既要看到一定的曲折是正常现象，又要时刻注意把握前进的方向，尽量少走弯路。

坚持前进性和曲折性统一的原理，要反对循环论和直线论。循环论片面夸大事物发展中曲折性、反复性的一面，从根本上取消了事物发展的前进性。直线论忽视或否认事物发展的曲折性，把前进的道路看成是笔直的。从思想方法上看，直线论只能陷入脱离实际的空想。

坚持前进性和曲折性统一的原理，就要坚定人们为人类美好事业而奋斗的信心。社会主义、共产主义事业是人类历史上空前伟大的事业，在其发展过程中总会出现这样或那样的曲折，但它的发展符合历史发展的规律，代表人类前进的方向，最终必然取得胜利。

三、对立统一规律

对立统一规律又称矛盾规律，是唯物辩证法的实质和核心。因为它揭示了普遍联系的根本内容和事物发展的内在动力，是贯穿于其他规律和范畴的中心线索。人们认识事物就是要认识事物的变化和发展及原因，而事物变化发展的根本原因在于事物内部的矛盾性，因此，矛盾分析方法也就成为我们最根本的认识方法。

（一）矛盾的同一性和斗争性

矛盾是唯物辩证法的核心范畴，是反映事物内部所包含的既相互对立又相互统一的关系的范畴。

1. 什么是矛盾

简单地说，矛盾就是对立面的统一和斗争，即对立统一。同一性和斗争性是矛盾的两种本质属性。

矛盾这一概念最早出自我国古代思想家韩非的一个寓言故事。矛和盾，都是古代的兵器。通过韩非的这个寓言故事，人们就把矛和盾连在了一起，组成了一个专门的、常用的名词。它具体指两个方面的含义：一方面，它是指人们在言论和行动中自相矛盾的一种逻辑错误。比如那个卖兵器的人，由于把矛和盾截然对立起来，就犯了这种逻辑错误，这在形式逻辑上叫做违反了同一律。就是说，对同一件事情或同一个问题，前面这样说，后面又那样说，前后不一致，自己打自己的嘴巴，这在形式逻辑上是不允许的。这种矛盾，我们就叫做逻辑矛盾，是荒谬的。

另一方面，矛盾就是指对立面的同一和斗争。矛和盾这两种作用不同的武器之间就存在着相互依存和相互排斥的关系，即同一和斗争的关系。无矛就无所谓盾，无盾就也无所谓矛，盾的发展促进了矛的发展。但是它们的作用又是相反的，是一种相互斗争的关系，所以它们就是对立面的同一和斗争。这种矛盾，就叫做辩证矛盾。它正确地反映了客观事物中所普遍存在的本质关系，因而是完全必要的。唯物辩证法所讲的矛盾，就是这种辩证矛盾。

2. 什么是同一性

这里所讲的同一性（或统一性）和我们前面讲的世界的物质统一性不是一个问题、一个概念。世界的物质统一性，是指不同之中的相同，指的是不同的物质形态的共同本质，即客观实在性。这里所讲的同一性，指的是矛盾着的对立面之间的一种本质联系，即矛盾双方相互联系、相互吸引的性质和趋势。

矛盾的同一性具有多种多样的表现形式，如统一性、一致性、互相依赖、互相联结、互相渗透、互相贯通、互相合作等。这些不同的说法，既是从不同的侧面揭示了同一性的内容，同时也说明了它的表现形式是多种多样的。但是，不管它的具体表现形式有多少，其基本的含义主要包括以下两个方面：

第一方面：矛盾双方相互依存。

这是指矛盾的每一方都同另一方彼此互相依赖着，而不能孤立地存在和发展，一方的存在和发展必须以另一方的存在和发展为条件。例如，先进和落后、胜利和失败、冷和热、大和小、左和右等，都是对立统一，互为存在的前提，失去一方，对方就不存在。

又如，物质和精神是一对矛盾，说精神依赖物质可以，但反过来讲物质也依赖于精神，这不就滑到唯心主义那里去了吗？父与子是一对矛盾，说子依赖于父可以，但是反过来说父也依赖于子，不就是认为儿子可以生出父亲了吗？哪有这样荒唐的事？资产阶级和无产阶级是一对矛盾，说资产阶级离不开无产阶级好接受，但反过来说无产阶级也离不开资产阶级，这是否意味着资本家剥削得越来越好呢？凡此种种，都是一些模糊认识，都是把矛盾着的对立双方的互相依存、互为前提，从字面上直观地理解为你靠我，我靠你；你产生我，我产生你；你决定我，我决定你。这是一种片面性和表面性的理解。

所谓矛盾双方在一定条件下的相互依存，从实质上讲，它包含这样两层意思：第一，是指矛盾对立着的双方，它们的内容和特点是彼此规定、相互照应、相互衬托的关系。例如，父与子之间的关系，要想了解父亲如何，不能光看他自己，必须要到儿子那里去问问，或者具体看看儿子怎么样，这样才能知道老子究竟及不及格。所以，从这个意义上，离开了儿子，也无所谓父亲。这就是说，儿子的内容和特点规定着父亲的内容和特点。父与子之间，是一种彼此规定、相互照应和相互衬托的关系。第二，是指对立双方的运动和变化是互相制约的。你牵制着我，我牵制着你，这种相互制约的关系，有的表现为一方力量增长，另一方力量相应削弱；有的表现为一方发展变化，也会促进另一方发展变化，水涨船高，相互促进。总之，矛盾双方互相依赖，是互为存在的前提。

第二方面：矛盾双方相互贯通。

矛盾双方不仅相互依存，而且是由此达彼、相互贯通的。矛盾双方的这种贯通性，进一步表明了双方的内在联系。矛盾双方的相互贯通有如下几种情形：第一，矛盾双方相互包含、相互渗透，通俗一点说，就是"你中有我，我中有你"。例如，工业和农业的矛盾双方，工业中包含农业的成分，如粮食、原料等，农业中包含工业的成分，如农业机械设备、化肥等；认识过程中感性认识和理性认识的矛盾双方，感性中包含着理性的因素，理性中包含着感性的因素。即矛盾双方不是绝对对立的，不是在一切方面都对立，而是互相渗透的。第二，矛盾双方直接同一。在一定意义上可以说是"你就是我，我就是你"。例如生产和消费，在一定意义上，生产同时就是消费，消费同时就是生产。但是，对于这种情形需要注意，对立面之间的直接同一并不是普遍的情形。例如，不能说无产阶级就是资产阶级，革命就是反革命，坏事就是好事等，而且即使存在着直接同一的矛盾双方，也不是直接等同的。它们的同一是差别的同一，对立的同一。第三，矛盾着的对立面彼此相通，包含着互相转化的趋势，可以说是"你能变我，我能变你"。用一句通俗点的比喻来说，就是存在着由此达彼的桥梁。矛盾双方在一定条件下是可以相互转化的。例如，公有制转化为私有制，私有制转化为公有制；战争转化为和平，和平转化为战争等。一切矛盾的双方无不在一定条件下向它的对立面转化。这种相互转化的过程之所以能够发生、能够实现，就是因为对立面之间本来存在着由此达彼的贯通性，包含互相转化的可能和趋势。这种转化的可能和趋势，最明显、最深刻地表现了对立的双方内在的同一性。

3. 什么是斗争性

矛盾的斗争性是指矛盾着的对立面之间相互排斥的属性，即相互反对、相互竞争、相互限制、相互否定的属性，是体现着对立的双方相互分离的一种趋势。这里所讲的斗争是一个具有广泛意义的哲学范畴，具有极为丰富的内容和无限多样的表现形式。

不同的矛盾，其斗争性具有不同的表现形式，它不仅仅是指敌我之间的对抗性冲突，而且也包括人民内部正确意见与错误意见之间的和风细雨式的辩论；它不仅存在于人类社会中，还存在于自然界里。作用与反作用、吸引和排斥、阴电和阳电、化合和分解等各种对立面之间的相互作用，也都是矛盾斗争的表现。

同一类矛盾在其发展的不同阶段上，斗争的表现形式也不同。一般来讲，矛盾展开的初期，矛盾双方的对立处于萌芽状态，斗争较为隐蔽；随着矛盾运动的发展，对立越来越明朗化，越来越充分展开，斗争也就越来越明显。所谓矛盾的激化就是指斗争的激化。在矛盾发展的不同阶段上，矛盾的激化程度不同，矛盾斗争性的表现形式也就不同。但是，不管矛盾斗争的形式如何不同，都只是斗争性的差别问题，而不是斗争性的有无问题。因此，不能把斗争性归结为某一种具体的形式，例如归结为你死我活的斗争这种对抗的形式，否则的话，其结果或者是把斗争形式的变换误认为矛盾斗争的消灭，在不存在对抗的地方就不承认斗争，从而抹杀矛盾的斗争性，离开矛盾的普遍性、绝对性；或者是把一切斗争都看成对抗，这就歪曲了矛盾的斗争性。

4. 矛盾同一性和斗争性的相互联结

我们前面说过，同一性和斗争性是任何矛盾都具有的两种本质属性，是任何矛盾着的对立面之间的两种基本关系。凡是存在着矛盾的地方，必定是既有同一性，又有斗争性，二者兼而有之，相互联结，不可分割，否则就不成其为矛盾了。同一性和斗争性之间相互联结、不可分割的关系，具体可以从以下两个方面说明：

第一方面：同一性不能脱离斗争性而存在，没有斗争性就没有同一性。

这一点是指，同一性是以差别和对立为前提的，是包含着差别和对立的同一，因而同一性必然为斗争性所制约。矛盾双方的互相依存或互相贯通，都是双方互相斗争的结果。统一体中，矛盾双方的依存要由斗争来维持，旧的统一体破裂和新的统一体诞生，要靠斗争来实现，没有矛盾的斗争性，就没有矛盾双方的互相依存，也没有互相转化的可能和趋势。所以说，没有斗争性就没有同一性。

第二方面：斗争性也不能脱离同一性而存在，没有同一性也没有斗争性。

这一点是指，差别、对立和斗争，总是和同一相联系，为同一性所制约的。一切矛盾的斗争都是在相互联结的关系中进行的，都是在同一体系中进行的。如果双方彼此孤立，毫不相干，比如战争和石头，风马牛不相及，怎么斗争呢？所以，从这个意义上说，没有同一性就没有斗争性。既然"斗争性寓于同一性之中"，如果斗争性离开了同一性，失去了"寓"所，无处可倚，那么斗争性岂不是虚无飘渺的吗？使两个毫不相干的东西斗争，只能是像堂吉诃德与风车搏斗那样，滑稽可笑。

总而言之，同一性和斗争性互相联结，不可分割。没有离开斗争性的同一性，也没有离开同一性的斗争性。因此，这就要求我们在分析和处理任何矛盾的时候，必须同时注意这两个方面。树立科学的思维方法，要在同一中把握对立，在对立之中把握同一，就是说，要善于发现异中之同、同中之异。正如黑格尔所说："如果一个人能看出当前，即显而易见的差别，比如，能区别一支笔与一头骆驼，我们不会说这个人有了不起的聪明。同样，另一方面，一个人能比较两个近似的东西，如橡树与槐树，或寺院与教堂，而知其相似，我们不能说他有很高的比较能力，我们所要求的，是要能看出异中之同和同中之异。"我们要力争全面性，力戒片面性和绝对性，在这个问题上，一定要反对形而上学的错误倾向。

形而上学割裂同一性和斗争性的互相联结，有两种表现：一种是离开斗争性去讲同一性，把对立的同一看成是僵死的同一、绝对的同一，这就等于把生动的东西、可变的东西看作是一潭死水，把相对的东西绝对化。另一种是离开同一性去讲斗争性，把相互排斥看作是相互隔绝、绝对对立，这就等于把现实的矛盾拆成了两个彼此孤立的东西，因此都是不正确的。

（二）矛盾的普遍性和特殊性

后人可以从我国历代歌颂祖国壮丽河山的作品的各不相同的描述中，区分出特定的环境；读者可以根据人物的各自特点，把《红楼梦》中400多个有名有姓的人物区别开来；在学习过程中越是相似的概念，就越要把它们区分清楚，这样才能真正懂得这些知识。事物千差万别的原因，就在于它们各有其特殊矛盾，这种特殊矛盾决定了一事物区别于他事物的特殊本质。只有从实际出发，具体地分析矛盾的特殊性，才能区分事物，认识事物发展的特殊规律。

1. 矛盾的客观普遍性

矛盾无处不在，无时不有，事事有矛盾，时时有矛盾。矛盾的客观普遍性这一说法，实际上包括了两个概念，即矛盾的客观性和矛盾的普遍性。

所谓矛盾的客观性，是指矛盾为一切事物、现象所固有，既不能任意地扩大或缩小，更不能任意地制造或消灭。坚持矛盾的客观性，就是把辩证法建立在唯物论的基础上，在这个问题上，在理论上要同种种抹杀矛盾客观性的唯心主义、形而上学作斗争。许多唯心主义、形而上学者攻击矛盾客观性原理的一个重要方法，就是把荒谬的逻辑矛盾和客观的辩证矛盾混为一谈，借口逻辑矛盾只存在于不正确的思维中而否认辩证矛盾的客观性。例如，杜林就说过"矛盾的东西是一个范畴，这个范畴只能归属于思想组合，而不能归属于现实"。这是毫无根据的。唯物辩证法认为，任何科学的认识，都要求排斥荒谬的逻辑矛盾；然而，任何真正的科学认识又正是在研究客观对象自身所固有的矛盾。人们认识事物，就是认识事物的矛盾；否认了矛盾，必然会陷入更荒唐的矛盾，也就根本谈不上真正的认识，谈不上科学。

所谓矛盾的普遍性，就是指矛盾是世界的普遍状态。毛泽东同志在《矛盾论》中指出，矛盾的普遍性有两个方面的含义，这就是说，矛盾无处不有，无时不在，矛盾普遍地存在，一切事物及其发展过程都存在着对立同一的关系。肯定了矛盾的普遍性，也就肯定了对立统一规律是普遍规律，这是坚持彻底的辩证法的前提。

矛盾的普遍性和客观性是紧密联系的。只讲客观性不讲普遍性，就不能把矛盾规律贯彻到底，就不能真正坚持矛盾的客观性，所以，要想把矛盾的客观性的观点贯彻到底，把矛盾规律贯彻到底，必须进一步承认矛盾的普遍性，这是一方面；另一方面，如果只讲普遍性不讲客观性，就会把"矛盾"、"一分为二"变成脱离实际的抽象公式，变为一个空洞的套语到处硬套，就会导致人为地制造矛盾，歪曲对立统一学说。所以，承认矛盾的普遍性，又是以承认矛盾的客观性为前提的。我们使用矛盾的客观普遍性这个概念，本身就说明了二者是不可分的。

我们所讲的矛盾的普遍性，从根本上说，就是客观普遍性。人类的社会实践和科学的发展，已经有力地证明了矛盾的客观普遍性。关于这一点，从自然界到人类社会，从人类社会到人的思维，有大量的事实已经说明，我们这里就不再重复了。学习矛盾客观普遍性原理的实践意义在于，它给我们认识问题和解决问题指出了一个总的正确的方向。正因为矛盾是客观普遍的，所以，我们在任何情况下，都要坚持用一分为二的观点看问题，敢于承认矛盾，揭露矛盾，善于解决矛盾，而不能害怕矛盾，回避矛盾，掩盖矛盾，正如毛泽东同志所指出的：矛盾以揭露为好，要揭露矛盾，解决矛盾。

2. 矛盾的特殊性

对症下药符合矛盾特殊性的原理，要求我们在观察和处理问题时要坚持具体问题具体分析。"因地制宜"、"因材施教"、"量体裁衣"、"一把钥匙开一把锁"、"万物皆相异"以及"世界上没有完全相同的指纹，没有完全相同的两片树叶"等都包含了这一原理。

所谓矛盾的特殊性是指具体事物所包含的矛盾及每一矛盾的各个方面都各有其特点。例如，自然界的矛盾不同于社会的矛盾，人民内部的矛盾不同于敌我矛盾。《红楼梦》里说"大有大的难处"、俗话常讲"家家有长短，长短不一样"等这些都指的是矛盾的特殊性。反映事物特点的这种特殊的矛盾，是一事物区别于他事物的特殊的本质，是世界上诸种事物所以千差万别的内在原因。在人类的认识发展史中，不同科学部门的划分，比如数、理、化等，就是以其研究对象的矛盾的特殊性为根据的，所以，认识事物矛盾的特殊性，是科学认识事物的基础。

应当怎样分析矛盾的特殊性呢？根据毛泽东同志在《矛盾论》中的论述，可以从以下几个方面来把握：

从矛盾存在的范围上看，有内部矛盾和外部矛盾。"师傅引进门，修行在个人"，这说明外因是通过内因起作用的。外因作用再大，也是通过内因起作用的。否则，再高手艺的匠人也"朽木难雕"。物质世界是一个无限复杂的矛盾体系，所以就整个世界而论，矛盾没有内外之分，矛盾都存在于世界之内，没有世界以外的矛盾。但是就每一具体现实的事物来看，由于矛盾存在的范围不同，就区分为内部矛盾和外部矛盾。所谓内部矛盾就是指存在于事物内部各因素之间的矛盾；外部矛盾就是指存在于一事物和他事物之间的矛盾。由于矛盾是事物发展变化的原因，所以，内部矛盾就是事物发展变化的内因，外部矛盾就是事物发展变化的外因。

从矛盾的性质上看，矛盾的特殊性又有各种不同的情形。第一，不同物质运动形式中有不同的矛盾。机械运动、物理运动、化学运动、生物运动和社会运动之所以相互区别，就在于它们都有各自的特殊矛盾。各门科学的划分正是以这种矛盾的特殊性为根据的。第二，在同一运动形式的不同过程中，也有各自不同的矛盾。例如，在社会运动中，从原始社会起到社会主义社会止，各个过程、各个社会都有各自特殊的矛盾。在各个运动过程中，都存在着复杂的矛盾，其中贯穿过程始终，并决定过程本质，使它同其他过程区别开来的矛盾，叫做根本（或基本）的矛盾；其他矛盾是非根本（或非基本）的矛盾。研究事物过程的发展，应着重把握其根本的矛盾。第三，在事物发展的一个完整的大过程中，往往又区分为不同的发展阶段，不同阶段中的矛盾也有其特殊性。例如，在新中国成立以来的发展过程中，国民经济恢复时期、社会主义改造时期、社会主义建设时期，这几个阶段中的矛盾就有很大的不同。能否正确地区分这些矛盾，是我们犯不犯错误的一个重要标准。我们工作中的经验教训已经反复地证明了这一点。第四，在社会领域中，还存在对抗性和非对抗性两类不同性质的矛盾。前者是人们之间根本利益（主要是阶级利益）冲突的矛盾，后者是根本利益一致的基础上的矛盾。对两类不同性质的矛盾，要采取不同的方法来解决。

　　从矛盾和矛盾双方的地位上看，又区分为主要矛盾和非主要矛盾、矛盾的主要方面和非主要方面，这也就是矛盾力量的不平衡性。主要矛盾和非主要矛盾（即次要矛盾）指的是在复杂的矛盾体系中诸矛盾之间的关系问题。所谓主要矛盾是指在复杂的矛盾体系中处于支配地位、对事物发展过程或阶段起决定作用的矛盾，由于它的存在和发展，规定或影响着其他矛盾的存在和发展，这就是主要矛盾。我们通常所说的中心环节、关键、纲、牵牛鼻子，指的就是这种主要矛盾，而其他处于次要和服从地位的矛盾，则是次要矛盾。主要矛盾和非主要矛盾的关系是辩证的：前者支配后者，后者又影响前者；在一定条件下，可以相互转化。

矛盾的主要方面和非主要方面的问题，是就一个矛盾的两个方面的相互关系来说的。无论是主要矛盾，还是非主要矛盾，都有对立的两个方面，而这两个方面的力量也是不平衡的。其中一方处于支配的地位，起着主导的作用，就是矛盾的主要方面；另一方处于被支配的地位，不起主导作用，是非主要方面。我们平常所说的主流、重点，指的就是矛盾的主要方面；支流、非重点指的就是矛盾的非主要方面。事物的性质主要是由取得支配地位的矛盾的主要方面所规定的，就是说，主要矛盾的主要方面规定着事物的性质。

矛盾的主要方面和非主要方面的关系也是辩证的：二者相互作用，并在一定条件下相互转化。"红花虽好，也要绿叶相扶"比喻人们在日常工作中，要善于抓主要矛盾，但也不能忽视次要矛盾，因为次要矛盾处理得好坏，直接影响着主要矛盾的解决。又如，"一个好汉三个帮"、"一个篱笆三个桩"等亦属同理。"捡了芝麻，丢了西瓜"违背了主、次矛盾关系的原理。

从矛盾解决的方式上看，不同的矛盾也各有其特殊性。在中国革命战争中，毛泽东主张"集中优势兵力"，反对"两个拳头打人"。解放战争后期，他将战略决战的方向，首先指向东北战场，并将辽沈战役的首攻地点定为锦州。"牵牛要牵牛鼻子"、"好钢要用在刀刃上"、"工作要做到点子上"，不能"眉毛胡子一把抓"。这也就是说要善于抓住重点，集中力量解决主要矛盾。

由于矛盾的性质和情形千差万别，所以，矛盾的解决方式也无限多样，但基本类型有以下三种。

第一，矛盾一方克服另一方。这是较为普遍的一种解决矛盾的形式。毛泽东同志把它通俗地叫做一方"吃掉"另一方。如生物界的优胜劣汰、社会领域中革命力量消灭反动力量、思想领域中真理克服谬误等，都属于这种类型。

第二，矛盾双方"同归于尽"，为新的对立双方所代替。例如，正负电子泯灭而产生光子，许多正反粒子泯灭而变为介子，就是这样。这种形式也存在于社会历史中。欧洲奴隶制的西罗马帝国，被封建社会所代替，就是奴隶主和奴隶两个斗争着的阶级同归于尽，让位于新的剥削阶级和被剥削阶级——领主和农奴。

第三，有些矛盾经过一系列的发展阶段，最后达到对立面的"融合"，形成新的事物。例如，采取嫁接、人工培育的办法，综合两种品种的优点而创造出新的生物品种，就采取了这种解决矛盾的形式。社会主义社会里，城市和乡村、脑力劳动和体力劳动等矛盾着的对立面之间的本质差别，随着各种条件的成熟会逐渐缩小，一直到共产主义而最终达到融合。

但是，我们应当明确，对立面差别逐渐缩小以致最终融合的过程，始终贯穿着斗争；融合为新事物之后，又将开始新的矛盾运动。采取融合的形式，还是采取其他的形式，只是斗争形式的差别问题，而不是斗争的有无问题。我们承认有些矛盾（不是所有矛盾）能够通过融合的形式来解决，同那种只讲融合、调和而抹杀斗争的"矛盾调和论"是根本对立的。

3. 矛盾的普遍性和特殊性的辩证关系

矛盾的普遍性和特殊性的关系就是共性和个性、绝对和相对的关系，二者互相联结，任何事物都是矛盾的普遍性和特殊性的辩证统一。

矛盾的普遍性是指矛盾存在于一切过程中，并贯穿于一切过程的始终。这是适用于一切事物的道理，没有任何例外，这就是事物的共性、绝对性。矛盾的特殊性是指每一事物、每一过程的矛盾及其各个侧面都各有其特点，这就是个性。一切个性都是有条件地、暂时地存在的，任何事物都是矛盾的普遍性和特殊性、共性和个性、绝对和相对的对立统一。

第一，普遍性不能离开特殊性而存在，普遍性存在于特殊性之中。

共性即包含于一切个性之中，无个性即无共性。例如，旧社会劳动人民都受苦，这些苦难又是各不相同的，有的人挨的是地主的皮鞭，有的人挨的是资本家的棍棒，有的人沿街乞讨，有的人家破人亡等。这些情形虽然各不相同，但是，在这些不同之中又有相同，在这些特殊性中都包含着受压迫受剥削的共性，即一个"苦"字，一本血泪账。通过个别就可以看到这一类事物的共同点。

第二，特殊性也不能离开普遍性而存在，特殊性又总是和普遍性相联系而存在的。世界上任何个别的东西都不是孤立地存在的。事物之间不仅有区别而且有联系，都是相互联系、相互制约的，都是同类事物中的一个，没有任何一个事物不同其同类事物具有共同的本质。例如，任何一个生物，无论怎样特殊，它总是和其他生物具有共同之处，总要服从生物运动的一般规律。

上面是从两个角度讲矛盾的普遍性和特殊性之间的互相联系。总而言之，矛盾的普遍性存在于特殊性之中，没有特殊性就没有普遍性；事物的内部不但包含了矛盾的特殊性，而且包含了矛盾的普遍性。

事物矛盾的普遍性和特殊性的区别是相对的，它们在一定条件下是相互转化的。

这就是说,任何一个矛盾,随着场合的不同,由于观察问题的角度不同,都会发生相互过渡或相互转化。毛泽东同志说:"由于事物范围的极其广大,发展的无限性,所以,在一定场合为普遍性的东西,而在另一场合则变为特殊性。反之,在一定场合为特殊性的东西,而在另一场合则变为普遍性。"还例如,阶级斗争是一切阶级社会所共有的东西,对于阶级社会来说,这是矛盾的普遍性;但是就整个人类历史来说,它只是一定发展阶段上所特有的东西。这也就是随着场合的改变,普遍性转化为特殊性了。事物矛盾的普遍性和特殊性的区别是相对的,它们在一定条件下是相互转化的。

第四章

能动的实践：人是如何认识和改造世界的

第一节　　实践的本质

一、实践：人所特有的对象化活动

实践作为一种社会现象，早就引起了哲学家的注意。古希腊哲学家苏格拉底说过，"只要一息尚存，我永不停止哲学的实践"。亚里士多德认为，"实践是包括了完成目的在内的活动"。在欧洲哲学史上，康德正式把"实践"概念引入哲学中，并提出了"理论理性"和"实践理性"的概念。在康德看来，实践理性具有行动的能力或功能，具体地说，实践理性通过规范人的意志而支配人的道德活动，进而使人达到自由。康德的"实践"没有脱离伦理实践的范围。

　　费尔巴哈把"实践"和"生活"联系起来，提出了一些富有启发性的见解，如提出"理论所不能解决的那些疑难，实践会给你解决"。这就把生活、实践看成是理论的根源，反映了费尔巴哈哲学的唯物论本质。但是，费尔巴哈不理解实践与生活的真实关系，认为"生活"不过就是吃喝、享用对象，不理解实践与人、实践与世界的真实关系，只是从客体的形式去理解"现象、现实、感性"。黑格尔提出了"实践理念"的概念，并把它作为达到和实现"绝对理念"的一个必经的环节，认为理论理念的任务是消除主观性的片面性，即接受存在的世界，使真实有效的客观性作为思想的内容；而实践理念高于理论理念，它的任务在于扬弃客观思想的片面性，按照主观的内在本性去规定并改造客观世界的事物和现象。黑格尔以这种抽象思辨的形式揭示了人类实践活动的创造性特征，不仅指出了理论活动与实践活动的区别，而且涉及了实践在改造世界、创造人类历史方面的重要意义，具有较大的合理性。但是，黑格尔讲的实践在根本上是抽象的理念活动，现实的人的活动只是这种抽象理论活动的"样式"。尽管黑格尔提出实践，特别是劳动对人的解放具有积极意义，但究其实质，还是把实践限制在精神、观念活动的范围。这表明，唯心主义也不理解现实的实践活动及其意义，从而"抽象地发展了人的能动的方面"。

旧哲学之所以没有正确解决实践的本质问题，除了唯心主义与旧唯物主义各自的主观原因之外，还有其客观原因。这就是，实践作为人所特有的活动，本身就具有矛盾的特征：一方面，实践是人的有目的的活动，它含有人的主观因素，受人的理性、意志的支配，体现了人对理想世界的追求；另一方面，实践又是作为物质实体的人，通过工具等物质手段同物质世界之间进行物质变换的客观过程。不能全面而深刻地把握实践的这种内在矛盾，是造成唯心主义和旧唯物主义各执一端、争执不下的认识论根源。

马克思主义哲学发现，物质生产活动是人类的第一个历史活动，也是每日每时必须进行的基本活动，是同自然过程既相联系又相区别的自觉的社会过程。物质生产首先是人以自身的活动来引起、调整和控制人与自然之间物质变换的过程。在这个过程中，人和人之间又必然互换活动并结成一定的社会关系，人与自然的关系制约着人与人的社会关系；反过来，人与人的社会关系又制约着人与自然的关系。生产实践既是人与自然之间物质变换的过程，又是人与人之间互换活动的过程，同时还是人与自然之间物质和观念的变换过程。这样，马克思主义哲学就找到了把能动性、自主性、创造性与现实性、客观性、物质性统一起来的基础。

从词义上看，实践就是实行或行动，它指的是人们实现某种主观目的的活动。在马克思主义哲学中，实践是指人能动地改造物质世界的对象性活动。对实践本质的这一理解和规定，包含着两层相互联系的含义。

实践的第一层含义，指实践是人所特有的对象化活动。这里，首先肯定了实践活动的对象性质，即它是以人为主体，以客观事物为对象的现实活动；更重要的是，实践把人的目的、理想、知识、能力等本质力量对象化为客观实在，创造出一个属于人的对象世界。

与动物消极地适应自然的活动不同，人的实践活动具有自主性。实践的自主性表现在，人通过实践不但能够认识客观规律，而且能够利用客观规律，使客观规律为人所用，达到物被人所掌握和占用的目的。同时，实践还具有创造性，它创造出按照自然规律本身无法产生或产生的几率几乎等于零的事物。人对世界的改造本质上就是创造。没有创造，就不会形成适合人类生存和发展的世界。

实践的自主性和创造性一起，共同体现了人的主体性特征。实践是由人在发动同时又是为了人的活动，它使人与物的关系由物支配人变成人支配物，并由此确立了人在自然界的主体地位。在实践中，人按照对事物运动规律和自身内在需要的认识去改造事物，把它塑造成适合人占有和利用的形式，充分显示了人的主体能动性。同时，人在实践中自觉地把自己和自然界区分开来，意识到自我的存在，具有了主体意识。实践的发展二既是人的主体性不断发展和提升的过程，同时也是人的主体意识不断提高的过程。

实践的第二层含义，指实践具有物质的、感性的性质和形式。这一特征使实践同人以观念的方式把握物质世界的活动（如认识活动、理论活动等）区别开来。实践具有直接现实性的特征。所谓直接现实性，指实践是人把自己作为物质力量并运用物质手段同物质对象发生实际的相互作用，这种"感性"活动同感性对象一样具有客观实在性。

实践的直接现实性不同于自然物的直接现实性。纯粹的自然存在物不包含人的主观活动，因此它们不可能证实或证伪某种理论与认识。实践则不同，它既同人的主观活动相联系，又从人的主观活动的圈子里走出来，物化（即外化）为感性的客观实在。人通过实践活动不仅能使自身的利益和需要得到满足，而且也检验着自己的目的、愿望、意图和计划等是否符合客观实际，检验着自己对事物的认识是否正确。只有实践才能证实或证伪某种理论（认识），而理论（认识）却不能通过自身而得到证实或证伪。这无疑表现出实践优于理论的地方。

二、实践：人的存在方式

判断一个物种的存在方式就是看其生命活动的形式。具体地说，动物是在消极适应自然的过程中维持自己生存的，动物的存在方式就是其本能活动，动物的存在方式是由其生理结构，特别是其活动器官的结构决定的。与此不同，人是在利用工具积极改造自然的过程中维持自己生存的。因此，实践构成了人的存在方式。从人类生存的前提看，人类生存的第一个前提就是必须能够生活，所以人类的第一个历史活动，也是每日每时必须进行的基本活动，就是"生产物质生活"本身。正是这种实践活动不断地创造着人类生存和发展的根本条件，实践因此成为人的生命之根，立命之本。

从人与动物的重要区别看，"有意识的生命活动把人同动物的生命活动直接区别开来"，而人的意识是在实践中生成、实现和确认的。正是在实践过程中，人的肉体组织发展出了意识和自我意识的能力，从而使人的生命活动成为有意识的生命活动，人成为"有意识的类存在物"。

从人的本质看，人的本质在现实性上是社会关系的总和，而现实的社会关系是在人的实践活动中生成的。正是在改造自然的实践过程中，人们之间结成了一定的社会关系。这种社会关系反过来又制约和规定人的本质。换言之，人在实践活动中"创造、生产人的社会联系、社会本质",从而使自己成为"社会存在物"。作为人的存在方式、人所特有的对象性活动,实践具有三个基本特征:客观现实性、自觉能动性和社会历史性。

第二节　什么是认识

认识是主体对客体能动的反映。如何把握认识的本质,这是认识论的关键问题,它直接涉及认识论的内容以及认识者(主体)和认识对象(客体)的关系。马克思主义认识论承认主体在反映过程中的能动作用,同时又坚持反映论的客观性原则,科学地揭示了主体和客体的关系,并指出认识是在实践基础上主体对客体的能动反映。

任何一个现实的认识过程,都包含着谁在认识、认识什么、怎样认识这些问题。马克思主义认识论把认识的发生奠定在实践基础上,就是以认识的主体和客体及相互关系为依据的。

一、认识的主体及属性

在整个认识活动中,人始终是认识的主体,但不是任何人都是认识的主体,马克思主义哲学认为,认识的主体是指处在一定社会关系中,有思维能力,从事一定社会实践活动和认识活动的现实的人。主体是认识者、改造者,在认识活动中处于主动和主导的地位。作为认识的主体的人具有多种属性。

人具有自然属性。主体是"有生命的自然存在物",这表明人永远不能完全摆脱外部自然和自身自然的制约。但人是自然界长期发展的产物,同时人又必须不断地同自然界进行物质和能量的交换,摄取生活资料,以维持自身的生存。这是人成为认识主体的自然物质前提。

人具有社会性。作为认识主体的人的本质规定,不是人的自然属性,而是人的社会属性。人的机体是在劳动中形成的,而劳动一开始就是社会性的活动,即人从自然界分化出来,由一般的自然存在物上升为社会存在物,才确定了人在世界中的认识主体的地位,并在一定历史条件下的社会关系中从事着认识活动。认识主体也就是实践主体。

人具有意识性。这是人类特有的自觉能动性,所谓意识性即作为主体的人具有意识机能。人不仅能生动地感知事物的现象,而且能理性地把握事物的本质和客观规律,并能动地指导实践活动。人不仅能把自身同外部世界区分开来,有目的、有选择地以外部世界作为反映和思维加工改造制作的对象,而且能把自身同自身活动区分开来,把自己的需要和追求、力量和活动当作自己意识的直接对象,形成自我意识,并对自己的思维和行动进行自觉的、有目的的选择和调整。人意识到外部世界和自我,标志着人成为自觉的主体。

人具有实践性。人的活动是有意识、有目的的活动，特别是表现为能动地从事改造客观世界的活动。人能够制造和使用工具进行生产，改造自然界，使自然界服务于人类的需要，这是人区别于动物的最基本的标志。

主体的上述特性是密切联系、有机统一的，其中社会性和实践性是最重要的。

认识的主体有三种基本形式：个体主体、集体主体和类主体。个体主体是认识主体的基础和细胞，是在一定的历史条件下从事相对独立的实践和认识活动的个人。集体主体是指按照一定的信仰、目的、利益、规范等组织起来的社会共同体，也就是作为认识主体的群体，如民族、阶级、政党、团体等。类主体是指全人类，是从事着实践和认识活动的个人和集体的总和。个体主体和集体主体都是类主体的局部，类主体就其本性来说具有无限的认识能力，但处在一定历史阶段上的类主体的认识能力也仍然受到历史条件的限制，因而，其认识能力也是有限的。

二、认识的客体及其特征

认识的客体是主体实践和认识活动现实指向的对象，即进入主体的实践和认识范围的对象。认识的客体和客观事物这两个概念既有联系又有区别。客观事物是指不以人的意志为转移的一切事物，它与客观存在属于同一范畴。当客观事物尚未进入人的认识领域时，它还是"自在之物"。只有同认识主体发生了实践与认识关系，客观事物才具有了认识客体的意义。认识的客体具有多种特征。

它具有客观性。客体是客观的现实存在物。不仅自然客体、社会客体是现实的存在物，而且精神客体也是具有物质的根源、原型、载体、形式，它一经表现出来就不以主体的意志为转移而被主体所反映。

它具有对象性。主体的实践需要将客体纳入主体的认识范围，并成为主体的实践和认识具体指向的东西，更重要的还在于它同主体发生具体联系，首先成为认识的对象。对象性是认识的客体最本质的特征。

它具有社会历史性。即认识的客体是具体的、历史的，随着实践和认识的发展，客体的范围在不断扩大，其内容也在不断地丰富和发展。

随着人的实践能力和认识能力的不断提高，认识客体的范围将不断扩大，其内容也更具有丰富多样性。客体也具有多种形式，其基本形式是：

第一，自然客体，是指构成人的认识对象的自然界。自然客体既包括了天然存在的自然物，如山川、湖泊、日月星辰等，又包括通过人类生产活动而形成的人化自然，如长城、大运河、各种建筑物等。第二，社会客体，是指构成人的认识对象的人类社会。即人们的社会存在和社会关系，如社会形态、阶级关系等。第三，精神客体，也叫观念客体，是指构成人的认识对象的精神活动过程和精神产品，是物质世界高度发展的产物。它既包括人的感觉、思想、心理等活动，又包括书籍、报纸、期刊、音像资料、光盘及来源于网络的知识等精神产品。

三、认识主体与客体的相互关系

在认识主体与客体的关系中，基本的是它们之间的实践关系和认识关系，在此基础上还渗透着它们之间的价值关系和审美关系。

认识主体和客体的相互关系，主要体现在以下几个方面：

实践关系，即主体和客体之间是改造与被改造的关系。这是最基本的关系，它是认识关系的基础。人类为了生存和发展的需要，就必须进行实践活动，并通过实践获得生活资料和生产资料，从而构成了主客体之间的改造与被改造的关系。主体是改造者，客体是被改造者。在实践中，主体按照自己的目的实现对客体的改造，把自己的目的、能力和力量物化为现实的东西，客体被改造成适合人需要的对象，创造出单纯自然进化所不能产生的东西。同时，又使客体的特性、本质和规律转化为人的知识和技能，使主体自身得到改造，从而巩固和提高了主体改造自然的能力。但是要做到这一点，就必须按照客体的本性和规律进行改造，不然就会徒劳无益，甚至适得其反。因此，人类必须认识客体，正确反映客体的本质和规律。

认识关系，即主体与客体是反映和被反映的关系。主体是反映者，客体是被反映者。在这种关系中，客体被主体反映在头脑中形成主观映像，即在主体的头脑中以观念的形式掌握客体。认识关系从属于实践关系，是在实践关系基础上发生、发展的。实践是认识的基础，只有在能动地改造客观世界的活动中，客体和主体才能直接联系起来，才能认识客体、认识世界；反过来，又以对世界的认识为指导，能动地改造世界。

价值关系，即主体和客体之间是需要和满足的对应关系。所谓价值，按其本性是指物在满足人的需要中的有用性。人是为了改造外界对象才去认识它，而人之所以去改造外界对象，其目的是为了满足自身的需要。所以，人的一切活动归根到底是为了把客观存在的对象改造成为能够满足人的需要的东西。人的实践是价值形成的基础，主、客体之间的价值关系依赖于或渗透于实践关系和认识关系之中。人通过实践不断地形成和发展自己的需要，并通过活动来取得一定的外界物，从而满足自己的需要，这就显示出客体对主体所具有的价值意义。在主体对客体的价值关系中，主体是价值源，客体是价值载体，人始终是价值关系的主体，而能满足需要的外界对象则是价值关系的客体。

审美关系，这是主客体关系的最高层次，它要求在真和善的基础上按照美的规律来创造理想世界。客体经过主体的改造，不仅成为满足人需要的有用的客体，而且也体现了人的能动的创造性，并使客体产生了审美价值。从某种意义上说，美就是主体对选择和创造的客体的感受、欣赏、体验；是主体在认识和改造客观世界的实践活动中，与客体之间发生的一种超功利的、精神愉悦的关系。

综上所述，主体和客体之间存在着多重关系，最基本的是改造与被改造的实践关系，在此基础之上才有反映与被反映的认识关系，在上述双重关系中又渗透着主体对客体的需要与客体满足主体需要的价值关系。正是在这种多重关系中产生了人的认识，并推动着人类认识的发展。

四、认识的本质

认识是在实践基础上主体和客体的能动反映，这是马克思主义哲学关于认识本质的基本观点，它的完整含义包括以下内容：

认识是主体对客体的反映。任何认识，从本质上说，都是主体在同客体相互联系、互相作用中对客体的反映，都是以观念的形态再现客体的面貌、特性、本质和规律。在这里，认识首先是主体的一种活动，但是主体的认识活动不能凭空地进行，而要以主体之外的客观事物为对象，由客观对象限定着认识的一定指向和内容。没有客观对象的存在，就不可能形成相应的认识。"反映"范畴就表明了认识同客观事物的联系,并从这一联系中获得自己的内容。把认识看作主体对客体的反映,是唯物主义认识论的基本原则。

主体对客体的反映是一个能动的创造性的过程。认识是主体与客体相互作用的过程和结果,其中,既有客体对主体的作用,更有主体对客体的作用,主体不仅能对客体对象进行直观的摹写,而且能对客体对象做出抽象和概括的反映;不仅能"复制"当前的对象,而且能追溯过去,推测未来,创造出想象和理想的境界。这就是说,主体对客体的反映,既是一种反映,又是一种创造;它不是被动的、机械的反映,而是能动的、创造性的反映。现代西方哲学中的某些流派借口认识过程中包含有选择、重构等成分,具有能动性、创造性,从而反对唯物主义的反映论原则,企图用所谓"选择论"或"重构论"来代替反映论,这是缺乏科学根据的。选择与重构是主体能动性的重要表现,但这并不是否定反映,而是进一步说明如何进行反映。主体不能脱离客体主观随意地进行选择、重构,只能是对客体所提供的信息进行选择、重构。因此,不能把选择、重构与反映完全对立起来,以一方排斥另一方。

主体对客体的能动反映是在实践的基础上实现的。主体与客体之间的反映关系,必须以实践关系为基础。人们通过直观,虽然也能在一定程度上反映客观事物的外在面貌,但只有在主体改造客体的实际基础上，通过物质和能量的相互作用、相互转换，才能逐步显现出客体的特性、本质和规律，使认识得以形成，并不断发展深化。因此，只有在实践的基础上，才能科学地理解认识的本质，才能把唯物主义反映论原则与辩证法的能动原则有机地结合起来，形成马克思主义的认识论。

主体对客体的认识不仅能够能动地反映客体对象，而且能够能动地指导社会实践改造客体对象以及改造人本身。正确的认识能够引导人们正确地改造世界，错误的认识必然导致实践的失败。改造世界是认识的能动性、创造性最突出、最重要的表现。整个人类发展史中，特别是现代社会的迅猛发展、科学技术的发展已充分展示了人的无限创造力。总之，认识在实践基础上有选择地、创造性地反映世界，又有选择地、创造性地改造世界，这些都是充满矛盾的辩证发展过程，这就是认识的能动性。

五、认识对实践具有反作用

在认识和实践的矛盾中，实践对认识起着决定性作用，这并不意味着认识无足轻重，恰恰相反，认识特别是正确反映客观事物及其规律的认识，对实践有着巨大的指导作用。实践和认识是相辅相成的，实践决定认识，认识反作用于实践。实践需要正确的认识作指导，否则就会失去实践的自觉性，而陷于盲目性；认识需要通过实践来实现自己的功能，否则会毫无意义。因此，认识一经产生便具有相对独立性，对实践起着能动的反作用。

认识是实践不可缺少的重要因素。人的实践活动与动物的本能活动的根本区别在于：人的实践活动总是在一定的认识指导下进行的，受一定意识的支配。认识的主要功能也正是在指导实践的过程中实现的。主体的实践活动内在地包含着认识的因素，只有在一定的正确认识指导下的实践活动才具有自觉性，人也才能成为自觉的实践主体。

认识对实践的发展具有制约和方向作用。认识和理论水平的高低直接制约着实践水平的高低和成就的大小；认识和理论是否正确，制约着实践的成败。并且，随着实践的发展和水平的提高，理论认识对实践活动的制约作用日趋明显。同时，理论认识具有超前性，它往往是在实践前面，从而能规定实践发展的方向，指导实践发展的进程，规范实践活动的价值取向。

认识对实践具有重要的指导作用。认识对实践的反作用主要表现在理论认识对实践具有指导作用。实践和认识是相互作用、相互依存的。认识是在实践基础上产生的，认识一经产生就具有相对独立性，可以指导实践。而实践也需要认识的指导，人的实践都是在一定认识、理论指导下进行的，认识的功能也正是在指导实践的过程中实现的。同时，由于认识按其性质可以区分为正确的认识和错误的认识两大类，因此，认识对实践的反作用也具有两重性，正确的认识和理论对实践起着积极的促进作用，它促使人们通过认识世界和改造世界获得积极成果；错误的认识和理论则对实践起着消极的阻碍作用，它妨碍人们去积极地认识世界和改造世界，如果把错误的认识变为行动，就会造成实际的损失或危害。此外，认识对实践还具有预见、组织和动员作用。认识由于反映了客观事物的本质和规律，可以使主体走在实践活动之前，确立既符合自身需要，又符合客观实际状况的目标、方案、步骤和措施，从而对实践活动做出预测，能够预见事物发展的未来趋势。而这种预见又刺激了人们进一步实践的热情，使人们自发地为了共同的目标组织起来，从而推动了社会实践的步伐。

总之，实践决定了认识和认识指导实践是一个统一的过程。主体总是在实践中认识，又在认识指导下实践。认识是在实践中产生、发展和接受检验的过程，也是它指导实践、发挥认识功能的过程。

第三节　认识是如何产生和发展的

认识运动是一个有规律的辩证发展过程，经过由实践到认识，又由认识到实践的循环往复、不断发展的过程，是实现认识与实践、主观与客观的具体的、历史的统一的过程。具体来说，认识的辩证发展过程就是在实践的基础上，要经历由感性认识到理性认识，再从理性认识到实践的能动飞跃，是实践、认识、再实践、再认识，循环往复、无限发展的过程。认识的辩证发展过程归根到底是由客观物质世界和人类社会实践的辩证发展过程决定的，同时又取决于人的认识能力的有限性和无限性相统一的辩证本性。

一、由感性认识到理性认识

由实践到认识的过程，就是在实践的基础上由感性认识能动地发展到理性认识的过程。这是认识过程的第一次飞跃。

（一）感性认识及其基本形式

我们同一个陌生人第一次打交道，首先得到的是关于他的身材容貌、穿戴打扮、举止神态、说话声调等信息，而这些都是他给我们的第一印象即感性认识。以后我们同他接触多了，了解了他的工作、学习、生活等方面的情况，这种印象也就越积越多，经过头脑思考，就会从感性认识发展到理性认识，对这个人的思想素质、知识才能、生活作风等产生看法。人们认识事物的发展过程都是这样，要经历从感性认识到理性认识的过程。在参与实践的过程中，通过观察活动，事物的各种属性、特点就会通过人的感官以及工具反映到人的头脑中，形成对事物的初步印象，这就是对事物现象的感性认识。人们在实践过程中，通过感觉器官接触外界事物而得到的对事物的表面现象的认识，是由实践到认识的过程，也就是从实践中产生感性认识的过程。感性认识是认识的初级阶段，也是认识的起点。人们无论认识什么事物，总是通过感觉器官同事物本身相接触，从而形成感性认识，除此以外，没有别的途径。但是，感性认识只是认识的低级阶段，它只能对事物的表面现象进行反映，反映事物的本质是我们认识事物必须经过的起始阶段，然后能动地发展到理性认识。感性认识和理性认识是由实践到认识过程中的两个阶段。人的认识过程首先是从实践到认识，即从实践中产生感性认识，然后能动地发展到理性认识，这是认识过程的第一次飞跃。这次飞跃必须经过感性认识和理性认识两个阶段。感性认识包括感觉、知觉、表象三种基本形式。

感觉：感觉是客观事物作用于人的感官而引起的一种最简单的反映形式。人有眼、耳、鼻、舌、身等感觉器官，这些器官是人与对象之间的桥梁和通道。

当外界事物作用于人的这些感觉器官时，产生的刺激信号通过神经系统传到大脑，人就产生了各种感觉。人们通过视觉看到颜色、形状、大小等；通过听觉听到事物的声响；通过嗅觉闻到事物的气味；通过味觉辨别事物的滋味；通过触觉感知事物的凉热、软硬等。例如，面对一个苹果，人们通过眼睛的观察，形成了圆、红、大的认识；通过舌头的品尝，形成了甜的认识；通过手的触摸，形成了硬的认识。这些通过感觉器官直接获知的关于事物个别特征的认识形式，就是感觉。感觉是对事物表面的、个别特性的反映，感觉是感性认识的起点，也是整个认识过程的起点。它反映的只是事物的某一侧面、某一局部特征，而不是反映事物的全貌。例如，视觉反映事物的颜色、形状；听觉反映事物的声音。

知觉：知觉是对事物表面现象和外部联系的综合反映。它是人们在感觉基础上，在大脑中把有关事物的感觉组合在一起形成对事物整体形象的反映。知觉是对事物各种感觉的综合，形成对事物的整体的形象，是比感觉更高一级的感性形式。例如，我们把我们每天要睡的床的个别特征的全部感觉综合起来，就形成了关于床的整体特征的认识，那就是"舒适的、可供人休息的、长方形的"，这就是关于床的知觉。知觉与感觉的区别在于，知觉是人体的各种感觉器官在外界客观事物刺激下协同活动而形成的产物，是大脑对各种刺激进行分析综合的结果。

表象：表象是指在感觉和知觉的基础上形成的具有一定概括性的感性形象。表象虽然不是对眼前对象的直接反映，但仍然是外部形象的认识，是感性认识的最高形式。表象与感觉和知觉不同，感觉和知觉是对当前事物的反映，是由当前的事物引起的；而表象则是对曾经感知过的而此时不在眼前的事物的反映。有些表象是对原有客观对象、形象的再现，叫做记忆表象。例如，当偶然看到一位我们很熟悉的人的名字时，在我们的脑海中可能会浮现出一系列诸如他的容貌、姿态及动作，特别是很值得回忆的事情的情景来。也有些表象是对原有客观对象的分解和重组，叫做想象表象。表象是对知觉的综合。

感性认识的三种形式都离不开实践。从感觉、知觉到表象，已经显示出认识由直接到间接、由片面到全面、由个别到一般的辩证发展的基本趋势。这一发展是从对事物表面的个别特性的反映到各种特性的综合反映，从对事物的当下反映到事后的回忆再现。在表象中，认识已经表现出了一定的选择性，即表象总是有选择地反映事物，它舍弃了过去感觉和知觉事物的一些次要特性，留下对自己比较重要、比较有意义的特性。这说明表象已经开始有概括、抽象的萌芽。但是，表象并没有超出感性认识的范围。在总体上，它仍是对事物的外部、片面和表面现象的反映。因此，感性认识的特点是直接性和具体性。直接性就是感性认识与客观对象之间不存在中介，是人们的感觉器官对事物的直接感知；具体性就是感性认识是以感觉、知觉、表象这样具体形象的形式，反映事物的表面现象。从感性认识的形式上看，由感觉到知觉再到表象的发展，使人的认识由个别的特性到达完整性；由当前直接的感受达到印象的回忆和保留。虽然这个过程已经显示出人的认识由部分到全体，由直接到间接，由感性形象到初步抽象概括的发展趋势，但是，这些感性认识的形式仍然没有超出感性认识的界限，仍然属于认识的初级阶段，即感性认识阶段。感性认识是主体的意识同客体的直接联系，它既不是在人脑中先验形成的东西，也不是客观对象的信息自然而然地流入人脑的结果，而是在主体同客体的实际相互作用的过程中形成的。

一切感性认识都是人的感觉器官对外界事物的直接感知，它和外界事物之间没有中间环节，能生动、丰富地反映客观事物。大多数反映的认识都比较真实可靠，但却往往是肤浅的、片面的，而同时又具有局限性。这种认识仅仅是对事物片面的、表面的特征和外部联系的反映，而认识的任务却是要求把握事物本质的、全面的特征和内部联系。因此，人们的认识仅仅停留在感性认识是不够的，必须进一步上升到理性认识当中来。

（二）理性认识及其基本形式

随着实践的继续，人们对事物的感性认识积累到一定的程度，就会从感性认识上升到理性认识。理性认识是认识的高级阶段，理性认识是人们在感性认识的基础上，通过头脑的思维活动得到的关于事物的本质、内在联系及规律性的认识。一切科学的定义、定理、定律、理论、观点等都属于理性认识。它包括概念、判断、推理三种基本形式。

概念：人们在实践中，对事物的感性认识多了，经过头脑分析和综合，舍弃事物个别的、非本质的属性，抽象概括出同类事物共同的、本质的属性，并用词或词组的语言形式表达出来，这就是概念。因此，概念是对同类事物共性、本质特性的反映，是反映事物特有属性的思维形式。概念的形成标志着认识过程质的飞跃，概念在认识过程中起着重要的作用。它是人们用理性反映客观事物的一种最基本的形式，是理论思维的"细胞"，人们必须通过这些"细胞"去构思，进行判断和推理，才能掌握事物的本质。例如，我们对苹果、梨、葡萄、香蕉等的特征进行总结和概括，就可以得出它们的共同特征，即它们都是"水果"，水果就是苹果、梨、葡萄、香蕉等的概念。任何一门科学都有自己特有的概念，但科学中有许多专业术语，用常识来理解是不正确的，如马克思主义哲学中的经济基础和上层建筑等概念。

判断：判断是运用概念对事物的状况和性质有所肯定和有所否定的思维形式。判断是从概念发展而来的，它总是表现为概念之间的一定联系，是对事物之间以及事物与属性之间的联系或关系的揭示。判明事物是什么或不是什么，以及是否具有某种属性，并以句子的语言形式表达出来。例如，"苹果是水果"就是一个判断，它肯定了苹果与水果之间的联系，即苹果是水果的一种。又如，"这只粉笔不是白颜色的"也是一个判断，它否定了这只粉笔与"白颜色"之间的联系。

推理：推理是根据事物之间的联系，由已有判断推出新判断的一种思维形式。判断组成推理，已有判断叫前提，推出的新判断叫结论，推理就是由前提推出结论的思维过程，是人类思维创造性的体现。推理过程中的前提必须是真实的、逻辑正确的，才能得出必然的结论。推理不仅能反映事物当前的内部联系，而且能预示事物的发展趋势。推理是建立科学理论体系不可缺少的思维步骤，是推动科学发展的重要工具。推理在政法、公安工作中应用很广泛，定罪和量刑都离不开三段论推理。

从概念、判断到推理，是理性认识由低级到高级的发展，三者既相互区别又相互联系。概念是思维的细胞，它是构成判断、进而构成推理的要素；反过来，概念又通过判断来揭示，依靠推理而形成。例如：人们常说"让我想一想"，"想一想"就是进行判断、推理的过程。

理性认识的三种基本形式有明显的区别和顺序，总是从概念到判断再到推理。但是，三者又不可分割，不可能完全单独地存在。理性认识的特点是间接性和抽象性。间接性是指它不是人们在接触事物中直接产生的，而是在感性认识的基础上，经过头脑思维才产生的对事物的间接反映。抽象性是指它不是具体、形象地反映事物的表面现象，而是以概念、判断、推理这样抽象的逻辑思维形式反映事物的本质和规律。理性认识是认识的高级阶段，它不是停留在事物的表面，而是深入到事物的本质中去。人们凭感觉器官不能把握到的东西，理性认识能够把握到。理性认识对事物的反映不像感性认识那样的具体、形象，似乎离事物远了，但是这种理性认识是正确的，那是更深刻、更完全地反映事物，也就与事物更近了。理性认识的特点决定了只要是科学的抽象和概括，就能透过现象，把握事物的本质和规律，深化人们的认识。但也正是由于这两个特点，决定了理性认识往往容易脱离实际，因此，为了获得正确的理论，必须处理好感性认识和理性认识的辩证关系。

（三）感性认识和理性认识的辩证关系

1. 感性认识和理性认识的区别

感性认识和理性认识是认识发展过程中的两个阶段，在内容、形式和特点上都有质的区别。但它们又不是互相隔绝和分离的，而是在实践基础上辩证地统一起来的。二者的区别在于，感性认识反映事物的现象，理性认识反映事物的本质，具体主要表现在以下几点：

感性认识和理性认识与各自认识对象的联系不同。感性认识是认识主体通过感觉器官在与认识对象发生实际的接触中获得的，它与认识对象之间的联系是直接的，具有直接性。理性认识是认识主体通过抽象思维对感性材料进行加工制作而获得的，它与认识对象的联系是间接的，具有间接性。

感性认识和理性认识反映认识对象的方式也不同。感性认识通过感官反映认识对象，具有形象性；理性认识是通过抽象思维，从现象中揭示出本质，从偶然性中揭示出必然性，它以抽象的方式反映对象，具有抽象性。

感性认识和理性认识反映对象的深度、层次也不同。感性认识反映的是事物的具体特性、表面现象及外部联系；理性认识反映的则是事物的本质、内在联系及规律。正因为两者之间存在着不同，所以，从感性认识到理性认识是认识过程的一次飞跃。

2. **感性认识和理性认识的联系**

感性认识和理性认识的联系在于二者是在实践基础上的辩证统一关系，主要表现在以下几点：

感性认识是理性认识的基础，理性认识依赖于感性认识。 在认识客观事物的过程中，人们首先获得的是感性直接经验，然后再达到理性思维。没有感性认识，就不会有理性认识，离开感性直接经验，理性认识就成了无源之水、无本之木。另外，从认识的不同层次关系来看，感性认识反映的是事物的外在现象，理性认识反映的则是事物的内在本质，人们只有首先反映、了解事物的现象，然后在此基础上，积累了十分丰富的合乎实际的相关材料，再概括出事物的本质，形成理性认识。

感性认识有待于深化、发展为理性认识。 感性认识只反映了事物的表面现象和外部特征，而且绝大多数是肤浅的，而认识的真正任务就在于深刻地揭示事物的内在本质及其规律性，即获得理性认识。只有掌握事物的本质和规律，运用理性认识有效地指导实践活动，才能达到有效地改造世界的目的。为此，人们当然就有必要把感性认识深化、发展为理性认识。由感性认识发展到理性认识，既是必要的，又是可能的。其客观依据就在于认识所反映的对象——客观事物，它既有现象，又有本质，其现象和本质的关系又是对立统一关系。正是由于现象和本质的这种既对立又统一的关系，才决定了人们只能通过现象认识本质，由感性认识发展到理性认识，既是十分必要的，又是完全可能的；也决定了理性认识必须依赖于感性认识，而感性认识是理性认识的基础。

感性认识和理性认识是相互渗透、相互包含的。在现实的认识过程中，既没有纯粹的感性认识，也没有纯粹的理性认识，两者总是交织在一起的，你中有我，我中有你，相互渗透。一方面，感性认识中有理性认识的因素。人的感觉是人们理解了的感觉。人的感觉和动物的感觉的根本区别之一就是有了理性认识的因素。人的感觉必须通过理性形式来表达。人们通常是用言语来表达自己的感觉，与人交流的时候，更是用字、词、句来表达感性材料，人们是用已有的逻辑知识去感知外部对象的，尤其是在科学技术飞速发展的今天，在科学研究中，必须借助现代科学仪器来感知认识对象，掌握这些科学仪器必须具备一定的专业知识。感性认识的表达也要运用概念等理性认识的形式。另一方面，理性认识中也包含着感性认识的因素。感性认识是理性认识的基础，理性思维的深刻理解，往往要借助于较为丰富的感性经验才能获得。对同一理论的理解,经验丰富的人和经验贫乏的人,在理解的深度和广度上是有差别的。在现实生活中,许多深奥的理论,如果用一个恰当的形象比喻、姿势、示意图来表示,简而言之,通俗易懂,使人豁然明了。由此可见,理性的东西具有传递性和继承性。在人们的实际认识中,既没有纯粹的感性认识,也没有纯粹的理性认识,它们的区别是相对的。

感性认识和理性认识辩证统一的基础是实践。无论是感性认识还是理性认识,归根到底都是在实践中产生的。感性认识向理性认识的过渡,也是最终在实践的基础上实现的。

3. 由感性认识到理性认识的飞跃

感性认识和理性认识辩证关系原理表明,对事物要有一个完整的认识过程,就必须经历从感性认识到理性认识的飞跃,这是人们认识发展的必然趋势,是认识过程的第一次能动的飞跃。但是,它不是自发地实现的,实现这个飞跃必须具备一定的条件。

首先,要通过实践调查了解并掌握丰富而真实可靠的感性材料。理性认识是对客观事物的一般的、共同本质的概括。本质存在于各种现象之中,因此,必须接触大量的具体事物和现象,才可能获得丰富的感性材料,而且还要符合实际。感性认识反映的是事物的表面现象,而现象也有真相和假象的混杂,现象是本质和规律的外在表现,事物的本质是隐藏在现象背后的,要透过现象把握本质,就必须有反映现象的十分丰富而不是零碎不全的、真实可靠而不是虚假的感性材料。俄国生理学家巴甫洛夫说过，"事实是科学家的空气，你们如果不凭借事实，就永远也不能飞腾起来。"因此，只有积累丰富的、真实可靠的、切合实际的感性材料，才能揭示出事物的本质和规律，才是实现感性认识向理性认识飞跃的前提和必要条件。那么，要获取十分丰富和合乎实际的感性材料，必须深入实际，进行认真的调查研究。调查研究是我们党一贯倡导的了解情况的正确途径和方法。调查研究的过程，也就是在实践中获得感性认识，并由感性认识上升到理性认识的过程。

其次，要遵循正确的途径和方法对感性材料进行科学的抽象和概括。必须运用科学的辩证思维方法，将感性材料进行正确地改造、制作、加工，这是实现感性认识上升到理性认识的可靠途径。掌握了丰富而真实的感性材料，并不等于把握了事物的本质和规律，只有通过对事物从表面现象到内部的思考，才能揭示事物的本质和规律。对感性材料进行改造、制作是很复杂的过程。在这个过程中，要充分发挥认识主体的能动性，运用已有的科学知识去分析，运用一系列相互联系、相互补充的思维方法去分析、选择和概括感性材料。因此，必须对丰富的感性材料加以、"去粗取精、去伪存真、由此及彼、由表及里"的分析和研究，才能得出合乎事物本质和规律的结论来，使感性认识上升到理性认识，实现认识过程的第一次飞跃。实现这次飞跃，认识并没有结束，还需要由理性认识回到实践中，实现认识过程的第二次飞跃。

二、由理性认识到实践

在实践的基础上，从感性认识上升到理性认识，是认识过程的第一次飞跃。但是，认识运动并没有结束，要实现一个完整的认识过程，还必须回到实践中去，还必须经历从理性认识再回到实践的第二次飞跃。这次飞跃比第一次飞跃更重要。

（一）由理性认识向实践飞跃的必要性和重要性

实现从理性认识到实践的飞跃具有更加重要的意义。

首先，实践是认识的目的，认识世界是为了改造世界。

理性认识自身不能直接转化为改造世界的力量，人们即使获得了正确的认识，它也有主观的东西，只有使认识回到实践中，化为群众的行动，才能变成改造世界的物质力量。理性认识只有再回到实践中去，才能实现指导实践来达到改造世界的目的。从现实意义上说，第一次飞跃只是第二次飞跃的准备，第二次飞跃才是第一次飞跃的目的，因此，实现认识目的的第二次飞跃比第一次飞跃更重要。

其次，理性认识只有再回到实践中去才能得到检验、修正、充实和发展。

人们通过认识过程的第一次飞跃所获得的理性认识是否正确，正确的程度如何，在人的主观认识范围内无法解决，即认识自身不能证明自己的真理性。

因此，必须使理性认识再回到实践中去，经过实践的检验才能证实正确的认识，纠正错误的认识，完善充实不完全正确的认识。即使是正确的认识，也只有再回到实践中去，才能随着实践的发展而不断丰富和发展。只有经过从实践向认识和从认识向实践的两次飞跃，才能构成人们对客观事物的完整认识。

（二）由理性认识向实践飞跃的条件和途径

实现理性认识到实践的飞跃也必须具备一定的条件。

第一，理性认识本身应当是正确的。

这是实现从理性认识到实践飞跃的前提。只有正确的理论，才能变革现实，达到改造世界的目的。反之，错误的或是空想的理论，不可能指导实践取得改造世界的成效，相反只能造成实践的挫折和失败。

第二，要把理论同具体实践相结合。

理性认识所反映的事物的本质和规律是事物的共性、一般，而实践所改造的对象则是个别、具体的事物。同时，实践和具体事物总是处于变化发展之中，会不断出现新情况和新问题。因此，要实现第二次飞跃，必须坚持从实际出发，把理论同实践相结合。

第三，要把理性认识转化为具体的规划、方案、措施等实践观念。

直接支配人们实践的不是一般的理性认识，而是具体的实践观念。所谓实践观念是指实践所要达到的目的以及实现这一目的的具体规划、措施等观念，只有把一般的理性认识转化为实践观念，才能直接指导人们的实践，并将其转变为符合主体需要的客观现实。

第四，要使理性认识为群众所掌握并转化为群众的自觉行动。

人民群众是实践的主要力量。理性认识要指导实践就必须为群众所掌握，变成群众的自觉行动。只有这样，理性认识才能转变为指导实践、改造世界的物质力量，实现第二次飞跃。

第五，理性认识付诸于实践要具备一定的物质条件。

理论的实现如果离开一定的科学技术手段和社会物质力量，是难以转化为现实的。没有实践加以改造的物质对象，没有实践所凭借的物质手段，要把理论付诸于实践就只是空谈而已。

由于人们的各种实践和认识是不尽相同的，因而从理性认识到实践所经历的过程、所需要的条件也是不同的，这就要求人们对具体事物采取具体分析的方法。

（三）理性因素和非理性因素在认识过程中的作用

马克思主义认识论认为，认识的辩证过程作为合规律性与合目的性的统一，主要属于人的理性活动的过程，但非理性因素在认识的辩证运动过程中也具有不可忽视的重要作用。实际上，作为认识主体的人是一个有意志、有情感并有认知能力的统一整体，人的任何心理意识的要素都会参与到认识活动中，对认识的形成和发展发生作用。我们在经历由感性认识到理性认识，再从理性认识到实践的能动飞跃的过程中，还应当深入地研究人的非理性因素对认识过程的影响。研究人应当如何以理性因素为主导，并在其支配下发挥非理性因素的作用。

1. **理性因素和非理性因素的含义**

理性因素是指人的认知结构，主要包括人的理性直观、理性思维能力，即意识中的"知"。在认识活动中发挥着主导作用。非理性因素是指人的心理结构，主要是指主体的情感、意志以及潜意识、信念、习惯、兴趣、需要、灵感、顿悟等非理智、非认知的精神因素。它们不属于认识能力，而是作为一种精神力量渗透到主体的认识活动中。

2. **非理性因素的作用**

情感、意志、欲望和需要等非理性因素，它们本身虽不属于人的认识，但对人的认识的发动和停止，对主体认识能力的发挥与抑制起着重要的控制和调节作用。

首先，情感对认识具有激发或抑制作用。人的活动总是有情绪、情感的因素贯穿其中，并受到情绪、情感的激发或抑制，认识活动也不例外。积极的情绪、情感为认识活动注入了活力和生气，对认识的发展是一种推动力量。人的求知欲、兴趣、好奇心，都同人的情绪、情感有密切关系。当人们的情感与其所从事的认识活动发生共鸣时，认识就会受到情感的激化，从而激发人的认识潜能，加速认识的进程。反之，当人们对从事某种认识活动缺乏热情或情感，人的认识能力就会受到抑制，认识进程就会受到影响。因此，要发挥情感、情绪对认识进程的积极作用，就需要正确地把握情感、情绪，对其进行调节和控制。

其次，意志对认识具有支撑和推动作用。意志同情感一样，对人的认识进程也是一种激发和调控因素，是认识运动的支撑力量和推动力量。认识活动不能缺少人的意志，特别是面对复杂的认识对象，往往需要人以百折不挠、坚忍不拔的意志去克服重重困难，以实现某种目标、理想。意志不但是人为实现某种目的而克服障碍或困难的能动的主观条件，而且对调控人的情感、情绪也起着重要作用。

3. 非理性因素的特点

非理性因素在认识过程中发挥作用的方式，与理性因素相比，具有两个相互联系的特点：

第一，理性思维具有严密的逻辑性，它在感性认识的基础上形成概念，然后运用概念进行判断、推理；而非理性因素不是通过概念、判断、推理等逻辑形式，而是以愿望、动机、兴趣、体验、冲动等非逻辑的形式表现出来的，因而非理性因素具有非逻辑的特点。

第二，理性思维作为一种逻辑思维，离不开语言，它直接以语言作为其思维工具。虽然语言能够唤起人们的非理性因素的活动，但非理性因素本身是不以语言为媒介的，它是一种借助于形象或图像、具体的情境而展开的思维活动。语言逻辑是人们的理性思维强有力的手段，但它也给人的思维带来了某种限制，如语言对思维活动的速度就有一定的阻碍作用。从这个意义上说，非理性因素在人的认识辩证运动过程中具有更大的灵活性和能动性。

4. 科学看待理性因素和非理性因素的作用

现代西方哲学中的非理性主义把非理性因素看作人的本质，把人的意志、情感、欲望、情绪、直觉、本能等看成是决定一切的东西，并作了唯心主义甚至神秘主义的解释。马克思主义哲学全面分析了非理性因素在认识中的积极作用和可能产生的消极影响，既肯定理性因素在认识活动中的主导作用，强调非理性因素要受理性因素的制约，同时也承认非理性因素的重要作用。

三、认识过程的不断反复和无限发展

经过由实践到认识，又由认识到实践的两次飞跃，一般地说，一个具体的认识过程已经完成。但是，人类认识是一个曲折、复杂的无止境的过程。即使是对一个具体事物的正确认识，由于受主体、客体及实践水平的限制，往往也不是经过两次飞跃就能实现的，而是需要经过实践、认识、再实践、再认识的多次反复才能完成，这就是认识过程的反复性。也就是说，人们对于一个具体事物的正确认识，往往需要经过多次再认识。

所谓再认识，就是主体对以往客体及其认识成果的重新认识，它不仅包括认识的纵向深入和横向扩展，而且包括鉴别真伪，修正谬误，是认识在原有基础上连续的和不断更新的过程。具体地说，就是我们既不能局限于前人和别人的认识上，也不能停留在自己已有的认识上，要依据时间、地点、条件的变化继续不断地认识，不断发扬正确的认识，纠正错误的认识，增加新的认识，代替过时的认识。只有这样，才能解放思想，把认识推到新的高度，提高我们对事物的应变能力。

认识过程之所以具有反复性，首先，人们所能达到的认识水平总是受主体的认识能力、文化水平、政治立场、世界观等因素的制约，客观事物不仅有现象与本质、真相与假象之分，而且事物本质的暴露也是一个过程，当其本质没有充分暴露之前，认识主体不可能一下子正确认识它的本质，因而对事物认识的广度和深度是有限的。其次，人们所能达到的认识水平受客体表现出来的程度的制约。客体的本质和规律要通过其现象表现出来，现象显现本质和规律是一个复杂的过程，因而人们对客体的本质和规律的认识也是一个反复的过程。最后，人们所能达到的认识程度受实践水平的制约。

实践决定认识，实践的水平决定了人们的认识所能达到的水平，一定时代的实践的有限性和局限性决定了人们在这种实践中所达到的认识的有限性和局限性，人们的认识不可避免地受着主体、客体和具体实践的制约。其一，受到客观事物发展程度及生产发展水平和科学技术条件的限制。客观事物是复杂的，并处在运动变化之中，它的本质和特征的暴露有一个过程。当它没有充分暴露的时候，人们不可能清楚地认识它，如果本质为假象所掩盖，还可能发生错觉，被假象所迷惑。其二，人们的立场、观点、方法、性格特征等主体方面的因素，也影响和限制着人们正确全面地认识事物。阶级立场和观点的局限性，对人们的认识有着重大的影响。所以要达到对一个事物的本质和规律的正确认识，必然要经过实践、认识、再实践、再认识的多次反复。因此，人们往往需要多次反复，才能全面而深刻地揭示事物的本质和规律。

人类认识运动由实践到认识，又由认识到实践的多次反复，不是没有前进、上升的循环往复，而是一个无限发展的过程。认识的客体即客观世界及其发展是无限的，客观世界的具体发展过程是无限的，每一具体事物又具有无限多样的因素或方面，事物从低级到高级、从简单到复杂的发展也是无限的，这就决定了人类认识必须不断地扩展和深化。认识的基础社会实践的发展是无限的，人类改造世界在实践中产生，并在实践中不断发展。因此，以实践为基础的主体对客体的认识必然是一个无限发展的过程。

认识运动的反复性和无限发展表明主观和客观、认识和实践是具体的、历史的统一。认识运动中贯穿着主观和客观、认识和实践的矛盾。认识的任务就在于不断地解决主观和客观、认识和实践之间的矛盾，达到它们之间的具体的、历史的统一。首先，它们之间的统一是具体的而不是抽象的。这是因为主观认识是在一定时间、地点、条件下的具体实践中同客观实际相符合。因此，人们运用认识指导实践必须从具体的实际情况出发，使认识与具体实践相结合。其次，它们之间的统一是历史的，即变化发展的。主观认识必须与不断变化发展的实践适应，使认识与已经变化发展了的实践相统一。

人们对于一个具体事物的认识，经过实践和认识多次反复，达到了主观与客观的符合，认识运动基本完成了。但对客观世界的认识没有完成，客观世界及其发展是无限的，在空间上，客观世界存在的事物是无限多样的，层次和联系是没有穷尽的；在时间上，事物发展的这一过程向另一过程的推移转变也是无限的，旧过程结束了，又开始新过程，新事物层出不穷。因此，需要人们不断地扩展和深入认识。即使是原有的事物，也需要在新的水平上进行再认识。人类认识运动是日新月异、永无止境的。

第四节 实践是检验真理的唯一标准

人的认识向实践转化的过程既是通过实践而发现真理的过程，又是通过实践而实现价值的过程。对于人来说，认识的任务和目的在于不断排除谬误，获得真理，并在真理的指引下改造世界，实现客观事物对于人的价值，同时也实现人自身的价值。在社会实践的基础上实现真理和价值的统一，实现真、善、美的统一，是人生和人的实践活动的根本要求。

通常所说的"认识"具有动词和名词两种属性。作为动词的认识，是人所进行的指向认识对象的认识活动，即认识过程。作为名词的认识，则是人进行能动的思维活动的结果，是在一定条件下形成的对特定对象的认识。为了有效地进行以客观存在为对象的实践，人们必须要求自己的思维尽量充分而又准确地反映存在，使自己的主观认识符合客观世界的实际，这样就提出了认识的真理性问题。真理问题对于认识和实践着的人来说是十分重要的，它既是主体对客体进行观念把握所趋向的目标，又是主观见之于客观的实践活动的内在要素和环节。

一、真理及其属性

（一）什么是真理

"真理"是一个认识论概念，是标志主观同客观相符合的哲学范畴，是人们对客观事物及其规律的正确反映。人的认识是一种复杂的精神活动，能够产生正确和错误两种不同的结果，即真理和谬误。在中国古代哲学家那里，通常用与"非"相对立的"是"来表述认识的真实性。人的认识的真实性依赖于这种认识同客观事物的实际相符合。依靠同事物的实际相一致来保证认识的真实性，并依据事物的实际来检验认识的真实性，这就是"实事求是"。只有实事求是，才能获得真理。与此相反，谬误则是同客观实际及其规律相违背的思想内容，是认识主体对客体本来面目的歪曲的反映。

事物的本性通过其特性体现出来。真理的特性在于其客观性、绝对性、相对性和具体性。全面把握真理的特性，就是从整体上把握真理的本性。凡是真理都具有客观性，因此真理也被称为客观真理，这是真理之所以为真理的首要条件。真理的客观性或客观真理，主要是指在真理性的认识中包含着不以人和人的意志为转移的客观内容。一切科学的定律、学说、理论之所以是真理，只是因为它们同客观事物及其发展规律相符合。真理当中不能含有同客观实际相违背的主观成分。

真理多元论认为，对待同一个认识对象可以有多种认识结论同时并存，而这些结论都可以是真理，不存在谁对谁错的问题。这种观点完全否认了真理的客观性，也就否认了客观真理的存在，因而也就在事实上否认了真理与谬误的差别与对立。在认识复杂的对象时，确实有时会出现这样的情况：人们的认识一时难以统一，不同的认识可能各自具有片面的真理性。但这种情况并不能说明真理多元论是正确的，因为仅仅具有片面的真理性的认识，就其总体来说仍然不是真理。只有形成了统一的正确认识，才能算在某一问题上达到了具体真理。然而这个统一的真理是不能同与它相反的观点同时并存的，否则就意味着取消了真理和谬误的对立。因此，就某个确定的问题和对象而言，真理只能有一个，即与客观事物及其规律相符合的客观真理。真理多元论是站不住脚的。承认真理是客观的，不以人的主观意志为转移，这是在真理问题上的唯物论的立场。而就真理的发展过程以及人们对它的认识和把握程度来说，承认真理既是绝对的，又是相对的，这是在真理问题上的辩证法的态度。每个真理都既具有客观性，又具有绝对性和相对性；或者说每个真理都是客观真理，同时又是绝对真理和相对真理的统一。

（二）如何理解真理的绝对性

关于真理的绝对性或具有绝对性的真理，可以从两个方面来理解：第一，任何真理都标志着主观同客观的符合，都包含有不依赖于人或人类的客观内容，都同谬误有原则性的局限，都不能被推翻，否则就不成其为真理。这一点是绝对的、无条件的。在这个意义上，承认了客观真理，也就是承认了绝对真理或真理的绝对性。

第二，人类认识按其本性来说，能够正确认识无限发展着的物质世界，认识每前进一步，都是向无限发展着的物质世界的接近，这一点也是绝对的、无条件的。在这个意义上，承认世界的可知性，承认人能够获得关于无限发展着的物质世界的正确认识，也就是承认了绝对真理或真理的绝对性。

（三）如何理解真理的相对性

真理的相对性或具有相对性的真理，是指人们在一定条件下，对客观过程及其发展规律的正确认识总是有局限的、不完全的。第一，从客观世界的整体来看，任何真理性的认识都是对无限宇宙的一个部分或片段的正确反映，人类已经达到的认识总是有限的、不完全的。物质世界在空间、时间上都是无限的，人们已经获得的正确认识只是对物质世界及其属性的一部分内容的认识，并且是处在一定的空间和时间内的认识，因而是具体的、历史的和有限的。承认世界上尚有未被认识的东西，我们的认识有待扩展，也就是承认了相对真理或真理的相对性。

第二，从特定事物或现象来看，任何真理性的认识都是对该对象的一定方面、一定程度、一定层次的正确反映。认识反映事物的深度总是有限的，具有近似的性质。承认我们的认识有待深化，也就是承认了相对真理或真理的相对性。虽然绝对真理和相对真理、真理的绝对性和相对性是真理的两种不同的属性或方面，但两者之间并没有固定不移的界限，绝对真理和相对真理、真理的绝对性和相对性是辩证统一的。

任何真理都有自己特定的对象、范围和条件，如果超出这些具体规定，真理就会变成错误。

我们强调真理的客观性、绝对性、相对性和具体性等特性，并不意味着否认人在发现真理、检验真理、坚持真理、运用真理等方面的主体性和能动性。恰恰相反，正是由真理的上述特性构成的真理的本性，要求人们在探求真理和运用真理时，必须以科学的、实事求是的、辩证的态度积极主动地去认识和实践，注意从根本上把握正确的立场、观点和方法，充分发挥积极的、正确的主体性和能动性。

二、检验认识真理性的标准

真理是主体认识中与客体实际相符合、相一致的内容。某一认识是否为真理以及这种真理性的多少取决于该认识是否与其所反映的实际相符合或相一致以及这种符合或一致所达到的程度。

根据什么或以什么为标准判定认识和实际是否相符合、相一致呢？这是哲学史上长期争论不休的一个问题。有的人否认存在任何真理的标准问题，多数哲学家虽然承认真理标准问题，但对什么是真理的标准却众说纷纭。

唯心主义哲学否认客观真理，也就必然否认真理的客观标准。唯心主义者认为，真理的标准存在于精神范围之内，不应在人们的物质活动中寻找它的客观尺度。这样就把真理的标准变成了主观的不确定的东西，因而是错误的。唯物主义者把客观事物作为检验真理的唯一标准，而唯心主义虽然坚持了真理的客观性的观点，但其反映论不以实践为基础，并且对于实践的理解也是狭隘的和片面的，因而没有科学地解决检验真理的标准问题。马克思主义认识论真正科学地解决了真理标准问题。马克思主义的经典作家们反复强调并以十分明确的语言指出：实践，只有实践，才是检验真理的根本标准。

社会实践是检验真理的根本标准，这是由真理的本性和实践的特点所决定的。真理是标志主观同客观相符合的范畴。要判明主观同客观是否符合以及符合的程度，只在主观范围内兜圈子是根本无法解决的。实际上，这些公理正是通过人们无数次的实践活动总结出来并得到证明的。随着人类实践的不断发展，这些公理也会变化和发展，非欧几何学的出现就表明了这一点。另一方面，逻辑证明的思维过程及其结论是否正确，仅靠思维和逻辑本身的证明是不够的，还需要回到实践中去，通过实践来做最后的检验。一般说来，根据正确的前提，运用正确的推理方法，得到的结论应当是正确的。但是，由于历史条件和认识水平的限制，在逻辑证明的过程中也会在推理的某个环节上发生错误，有可能造成逻辑推理的结论不一定正确，因而需要通过实践作进一步的检验。严格的科学的逻辑证明的作用，不过是实践检验作用的间接的和集中的表现。尊重逻辑不但同尊重实践不相抵触，而且恰恰是尊重实践的必然要求。轻视逻辑的力量，实际上也是轻视无数人亿万次的实践。

尽管如此，检验真理根本性的、具有决定意义的途径和标准仍然是实践，其他检验途径都是辅助性的，只有实践是检验认识之真理性的根本途径、根本标准。

知识链接

辩证法

辩证法是关于对立统一、斗争和运动、普遍联系和变化发展的哲学学说,源出希腊语"dialego",意为谈话、论战的技艺,指一种逻辑论证的形式。现在用于包括思维、自然和历史三个领域中的一种哲学进化的概念,也用来指和形而上学相对立的一种世界观和方法论。

辩证唯物主义

辩证唯物主义,是马克思、恩格斯批判地吸取德国古典哲学——黑格尔的辩证法的"合理内核"和费尔巴哈唯物论的"基本内核",在总结自然科学、社会科学和思维科学的基础上创立的系统科学的逻辑理论思维形式,是一种以马克思和恩格斯学说来研究现实的哲学方法,是用"辩证的观点"和"唯物论的观点"解释和认识世界的理论。一般认为"辩证唯物主义"和"唯物辩证法"在本质上是一致的。

辩证唯物主义的基本观点有：1.唯物主义认为，物质是第一性的，意识是第二性的。世界的本原是物质，世界的万事万物都是物质派生出来的。2.物质世界是按照它本身所固有的规律运动、变化和发展的。规律是客观的，是不以人的主观意志为转移的。3.辩证的唯物主义观点是相对于机械唯物主义而言的，即将辩证法与唯物主义相结合。

不可知论

不可知论是一种唯心主义的认识论，认为除了感觉或现象之外，世界本身是无法认识的。它否认社会发展的客观规律，否认社会实践的作用。不可知论最初是由英国生物学家T.H.赫胥黎于1869年提出的。不可知论断言人的认识能力不能超出感觉、经验和现象的范围，不能认识事物的本质及发展规律。在现代西方哲学中，许多流派从不可知论出发来否定科学真理的客观性，否认认识世界的可能性或者否认彻底认识世界的可能性。

德国古典哲学

德国古典哲学一般是指康德、费希特、谢林、黑格尔和费尔巴哈的哲学，是代表西方近代哲学的最高阶段。它继承了由德国哲学家莱布尼茨代表的唯理主义倾向，同时又受到了苏格兰启蒙运动中著名哲学家休谟的经验主义和怀疑论的影响，此外，以莱辛、歌德为代表的启蒙运动文学也对德国古典哲学起到了相当程度的影响。（斯宾诺莎的宿命论思想有时也被认为是德国古典哲学的重要思想来源之一。）在这些思想的共同影响下，德国古典哲学家总结并探讨了一系列哲学上的重大问题，尽管他们中的多数经常被泛泛地认为是唯心主义，但他们的主张却不是统一的。

康德是一个二元论者和不可知论者，他为了调和唯理主义和经验主义，提出了自己的批判哲学。费希特则持有一种主观唯心主义（后期也被认为倾向于客观唯心主义），谢林和黑格尔有时候被认为是客观唯心主义者，但事实上他们的意见是非常不同的。直到费尔巴哈以一种唯物主义的观点对黑格尔宏大的形而上学体系提出抨击，从而终结了德国古典哲学。

德国古典哲学具有抽象性和思辨性的特点，同时它也是马克思主义的三个理论来源之一。此外，它提出了包括认识论、本体论、伦理学、美学、法哲学、历史哲学以及政治哲学等领域的各种重大问题和范畴，标志着近代西方哲学向现代西方哲学的过渡。

第二次工业革命

第二次工业革命，也称第二次科技革命，是指1870年至1914年的工业革命。其中西欧和美国以及1870年后的日本，工业得到飞速发展。第二次工业革命紧跟着18世纪末的第一次工业革命，并且从英国向西欧和北美蔓延。第二次工业革命以电力的大规模应用为代表，以电灯的发明为标志。

第二国际

第二国际，即"社会主义国际"，是一个工人运动的世界组织。1889年7月14日在巴黎召开了第一次大会，通过《劳工法案》及《五一节案》，决定以同盟罢工作为工人斗争的武器。组织后因第一次世界大战爆发而解散，其后伯尔尼国际成立并作为实体运作。第二国际所做出影响最大的动作包括宣布每年的5月1日为国际劳动节，宣布每年的3月8日为国际妇女节，并创始了八小时工作制运动。当今世界最大的政党组织"社会党国际"实际上为其延续，在二战后的1951年成立，成员均为原第二国际成员。

第一国际

第一国际，即国际工人联合会，1864年由英、法、德、意四国工人代表在伦敦开会成立，马克思代表德国工人参加该组织的工作，并逐渐用"科学社会主义"理论作为组织指导思想。由于会名太长，有时人们取它的第一个单词"International"代指，简称为"国际"，历史上即称为"第一国际"。1871年，第一国际法国支部参加并领导了巴黎公社运动。但是随着巴黎公社的失败,第一国际也日渐衰弱,1876年正式宣布解散。

封建主义

封建主义包括三个方面:一是指封建专制制度,包括政治、经济制度在内的整个社会制度;二是指意识形态;三是指以封建主义思想为指导,为建立或复辟封建专制制度而进行的活动。三者之间相互联系又相互区别,不能等同和混淆。也可以说,封建主义在经济上代表的是地方保护主义和部门主义;在政治上代表的是专制主义和宗法制度;在思想上代表的是纲常伦理、宗法意识和社会生活中的各种落后、愚昧现象、迷信思想和活动。包括制度、活动、思想三方面含义的封建主义,才能称之为完整意义上的封建主义。

概念

概念也称观念,是抽象的、普遍的想法、观念或充当指明实体、事件或关系的范畴和类的实体。在它们的外延中忽略事物的差异,如同它们是同一地去处理它们,所以概念是抽象的。它们等同地适用于在它们外延中的所有事物,所以它们是普遍的。

概念是意义的载体,而不是意义的主动者。一个单一的概念可以用任何数目的语言来表达;术语则是概念的表达形式。概念在一定意义上独立于语言的事实使得翻译成为可能——在各种语言中词有同一的意义，因为它们表达了相同的概念。概念是人类对一个复杂的过程或事物的理解。从哲学的观念来说，概念是思维的基本单位。

工业革命

工业革命，又称产业革命，是指资本主义工业化的早期历程，即资本主义生产完成了从工场手工业向机器大工业过渡的阶段。工业革命是以机器取代人力，以大规模工厂化生产取代个体工场手工生产的一场生产与科技革命。由于机器的发明及运用成为了这个时代的标志，因此，历史学家称这个时代为"机器时代"。

有人认为工业革命在1759年左右已经开始，但直到1830年，它还没有真正蓬勃地展开。大多数观点认为，工业革命发源于英格兰中部地区。1769年，英国人瓦特改良蒸汽机之后，由一系列技术革命引起了从手工劳动向动力机器生产转变的重大飞跃。随后自英格兰扩散到整个欧洲大陆，19世纪传播到北美地区。一般认为，蒸汽机、煤、铁和钢是促成工业革命技术加速发展的四项主要因素。在瓦特改良蒸汽机之前，整个生产所需动力依靠人力和畜力。伴随蒸汽机的发明和改进，工厂不再依河或溪流而建，很多以前依赖人力与手工完成的工作自蒸汽机发明后被机械化生产取代。

工业革命是一般的政治革命不可比拟的巨大变革，其影响涉及人类社会生活的各个方面，使人类社会发生了巨大的变革，对人类的现代化进程的推动起到了不可替代的作用，把人类推向了崭新的蒸汽时代。

共产主义

共产主义是一种政治思想，主张消灭私有产权，并建立一个各尽所能、按需分配的、生产资料公有制（进行集体生产），而且没有阶级制度、国家和政府的社会。在此一体系下，土地和资本财为公共所有。其主张劳动的差别并不会导致占有和消费的任何不平等，并反对任何特权。在科学共产主义（马克思主义及其各流派）的理论中，它在发展上分两个阶段，初级阶段是社会主义，高级阶段是共产主义。通常所说的共产主义，指共产主义的高级阶段。

按照马克思主义理论（历史唯物主义），资本主义必将为共产主义所取代，这是不以人们的意志为转移的社会发展的历史规律，因随着工业革命后各种机械自动化生产所带来的高生产力，长期而言经济生产所需的人力将愈来愈少，在私有财产制度下绝大多数人口将会失业，因此社会若想继续和平发展就必须进入共产主义，将愈来愈少的工作量分配给各工作人口，除了为兴趣而自愿长期工作的人之外，基本上多数人可减少许多工作时间就维持日常生活。共产主义思想在实行上，需要人人有高度发达的集体主义精神，而这就要求社会生产力达到充分的发展和极度的发达。

共产主义社会

共产主义社会是一种社会形态，它是在生产资料公有制的条件下，在高度发达的社会生产力的基础上所实行的一种各尽其职、按需分配的劳动者自由联合的社会经济形态。

科学社会主义

科学社会主义是与空想社会主义相对而言的、关于社会主义的科学的理论体系、理论模型与实践模式。科学社会主义是人类一切文明成果的结晶。马克思、恩格斯运用辩证唯物主义的逻辑思维形式，在批判历代空想社会主义的基础上，以历史唯物主义的观点揭示和发现了人类社会发展的规律及当代资本主义经济运动的规律——剩余价值规律。马克思的这两个规律的发现使社会主义从空想变成了科学。科学社会主义是关于无产阶级解放斗争发展规律的科学，是一门政治科学，或者说是一门政治学。

可知论

可知论认为世界是可以为人所认识的，世界上只有尚未被认识的事物，不存在不能认识的事物。一切的唯物主义者都是可知论者，他们坚持物质第一性，意识第二性；彻底的唯心主义者也是可知论者，但他们坚持意识第一性，物质第二性。

劳动对象

劳动对象指劳动本身所对应的客体，比如耕作的土地、纺织的棉花等。包括两大类：一是自然界的物质，即未经人类加工过的自然物，如矿藏；一是人类劳动加工过的，用作原材料的产品，如棉花、钢铁等。

劳动力

劳动力，即人的劳动能力，指蕴藏在人体中的脑力和体力的总和。物质资料生产过程是劳动力作用于生产资料的过程。离开劳动力，生产资料本身是不可能创造任何东西的。但是，在物质资料生产过程中，劳动力发挥作用，除了必须具备一定的生产经验和劳动技能或科学文化知识外，还必须具备一定量的生产资料，否则，物质资料生产过程也是不能进行的。劳动者在生产过程中运用自己的劳动力和生产工具，作用于劳动对象，既可以创造出物质财富，也可以不断提高自己的劳动技能。

历史唯物主义

历史唯物主义是马克思主义哲学的重要组成部分，也被称为

"唯物主义历史理论"或"唯物史观"。历史唯物主义为马克思和恩格斯所创立，以黑格尔的辩证法，结合费尔巴哈的唯物论，去解释人类历史演变的过程，并被列宁、毛泽东等人所发展，被认为是马克思主义的社会历史观和认识、改造社会的一般方法论。因其主要关注的是对历史规律的阐明，因而历史唯物主义可以归入历史哲学，具体地说是一种思辨的历史哲学。

历史唯物主义认为历史发展是客观的和有其特定规律的，其最基本的规律就是生产力决定生产关系，生产关系对生产力有反作用（可能促进或阻碍）。伴随着生产力的发展，人类社会会历经原始社会、奴隶社会、封建社会、资本主义社会、社会主义社会，最终走向共产主义社会。

马克思主义

马克思主义是马克思、恩格斯在19世纪工人运动实践基础上创立的理论体系。马克思主义主要以唯物主义角度编写而成。马克思主义理论体系包括三部分，即马克思主义哲学、马克思主义政治经济学、科学社会主义，分别是马克思、恩格斯受德国古典哲学、英国古典政治经济学、法国空想社会主义影响，并在此基础上创立的。马克思主义作为内涵丰富、外延无限的一整套严密的思想体系，我们可以从不同方面对其进行不同的定义。马克思主义从它的创造者、继承人的认识成果上讲，可以定义为：马克思主义是马克思、恩格斯创建的马克思主义者不断加以丰富发展的观点和学说的体系；从它的阶级属性讲，可以定义为：马克思主义是关于无产阶级和人类解放的科学，尤其是关于无产阶级斗争的性质、目的和条件的学说；从它的研究对象讲，可以定义为：马克思主义是一个内容极其丰富的、宏伟的、科学的理论体系，是关于自然、社会和思维发展普遍规律的学说，特别是关于资本主义发展和转变为社会主义，以及社会主义和共产主义发展普遍规律的学说。

马克思主义政治经济学

马克思主义政治经济学，是马克思主义的重要组成部分。它既是我们从理论高度认识和研究资本主义的经济科学，也是我们进行社会主义经济建设和改革开放的理论指导。马克思主义政治经济学，首先包括马克思创建的政治经济学的基本原理和方法，也包括后来由列宁、毛泽东、邓小平和党中央发展了的经济思想与理论，还包括经济学界以马克思主义为指导研究当代资本主义和社会主义所取得的有关成果。马克思主义政治经济学的基本观点主要包括在马克思的重要著作《资本论》中，在《资本论》中，马克思研究了资本主义经济学的理论和英国历年的经济统计资料，对资本主义经济学理论进行了分析和批判。

矛盾

矛盾出自《韩非子》中《难一》所述故事，一般指在两个或更多陈述、想法和行动之间的不一致。在马克思主义哲学概念中，事物自身包含的既对立又统一的关系叫作矛盾。简言之，矛盾就是对立统一。所谓对立，是指矛盾双方相互排斥、互相斗争。所谓统一是指如下两种情形：第一，矛盾双方在一定条件下相互依存，一方的存在以另一方的存在为前提，双方共处于一个统一体中。第二，矛盾着的双方，依据一定的条件，各向自己相反的方向转化。它们中的一方对另一方的否定，以及在旧矛盾向新矛盾的转化中对旧矛盾的否定，都不是单纯的否定，而是辩证的否定，即否定之中有肯定，肯定之中有否定。

判断

判断是肯定或否定某种事物的存在，或指明某一对象是否具有某种属性，和事物情况之间的关系的思维过程。在形式逻辑上，判断常用一个命题表达出来。

人文主义

人文主义是在文艺复兴时期新兴资产阶级反封建反教会斗争中形成的思想体系、世界观或思想武器，也是这一时期资产阶级进步文学的中心思想。它主张一切以人为本，反对神的权威，把人从中世纪的神学枷锁下解放出来。人文主义宣扬个性解放,追求现实人生幸福;追求自由平等,反对等级观念;崇尚理性,反对蒙昧。

社会主义

社会主义是一套经济体系和政治理论,主张或提倡公共或以整个社会作为整体,来拥有和控制生产资料(产品、资本、土地、资产等),其管理和分配基于公众利益。其提倡由集体或政府拥有与管理生产工具,分配物资。社会主义分为了诸多流派,从建立合作经济管理结构到废除等级制度以至于自由联合。作为一项政治运动,社会主义的政治哲学主张从改良主义到革命社会主义均有分布。如国家社会主义主张通过推动生产、分配和交换全方位的国有化来实现社会主义;自由社会主义倡导工人传统地控制生产方式,反对国家权力来进行管理;民主社会主义则通过民主化进程来寻求建立社会主义。

现代社会主义理论始于18世纪知识分子与工人阶级发起的批评工业化与私有财产对社会影响的政治运动。早期的空想社会主义者,诸如罗伯特·欧文曾试图建立一个自给自足并脱离资本主义社会的公社;而圣西门则创造了名词socialisme,提倡技术官僚与计划工业的应用。马克思和恩格斯共同设计创造了一个理想的社会制度,通过除去导致不合格与周期性生产过剩的无政府主义和资本主义生产，来允许广泛应用现代科技，从而将经济活动合理化。在19世纪初期，社会主义还只是表明关注社会问题；到了19世纪末期，社会主义已经成为了建立基于社会共有的新体制的推动力，并站到了资本主义的对立面。

社会主义社会

社会主义社会，是一种社会形态，指用马克思主义理论指导，重视社会福利，采用财产公有制的，通常是共产主义政党专政、工人阶级领导的社会。按照马克思主义理论，社会主义社会是资本主义社会向共产主义社会的过渡性社会形态。

生产关系

生产关系是指在物质生产过程中形成的人们之间的社会关系，它集中体现了人们之间的物质利益关系。生产关系的内容包括人们在一定的生产资料所有制基础上形成的、在社会生产总过程中发生的生产、分配、交换和消费的关系。

生产力

生产力，又称"社会生产力"，是人们征服自然、改造自然、获得物质资料的能力。生产力和生产关系是社会生产不可分割的两个方面。生产力包括劳动者、劳动资料和劳动对象三大要素。

生产资料

生产资料，也称作生产手段，是马克思主义理论家认定的生产力三要素之一。生产资料主要指劳动者进行生产时所需要使用的资源和工具。一般包括土地、厂房、机器设备、工具、原料，等等。生产资料是生产过程中的劳动资料和劳动对象的总和，它是任何社会进行物质生产所必备的物质条件。

世界观

世界观，也叫宇宙观，是哲学的朴素形态。世界观是人们对整个世界的总的看法和根本观点。由于人们的社会地位不同，观察问题的角度也不同，因而形成不同的世界观。哲学是世界观的理论表现形式。世界观的基本问题是精神和物质、思维和存在的关系问题，根据对这两者关系的不同回答，划分为两种根本对立的世界观基本类型，即唯心主义世界观和唯物主义世界观。

推理

推理是根据事物之间的联系，由已有判断推出新判断的一种思维形式。判断组成推理，已有判断叫前提，推出的新判断叫结论，推理就是由前提推出结论的思维过程，是人类思维创造性的体现。

唯物主义

唯物主义即唯物论，是一种哲学理论，肯定世界的基本组成为物质，物质形式与过程是我们认识世界的主要途径，持着"只有事实上的物质才是真实存在的实体"这一种观点，并且被认为是物理主义的一种形式。该理论的基础是，所有的实体（和概念）都是物质的一种构成或者表达，并且，所有的现象（包括意识）都是物质相互作用的结果，在意识与物质之间，物质决定了意识，而意识则是客观世界在人脑中的生理反应，也就是有机物出于对物质的反应。因此，物质是唯一事实上存在的实体。作为对现实世界的一种解释，唯物主义是唯心主义和心灵主义的一个对立面。

唯物主义有机械唯物主义和辩证唯物主义的区别，机械唯物主义认为物质世界是由各个个体组成的，如同各种机械零件组成一个大机器，不会变化；辩证唯物主义认为物质世界永远处于运动与变化之中，是互相影响、互相关联的。机械唯物论的代表人物是费尔巴哈，辩证唯物论的代表人物是马克思、恩格斯和列宁。

唯心主义

唯心主义即唯心论，又译作理念论、观念论，是哲学中对思想、心灵、语言及事物等彼此之间关系的讨论及看法。唯心论秉持世界或现实如同精神或意识，都是根本的存在。唯心论直接相对于唯物论，后者认为世界的基本成分为物质，我们对世界的认识主要是通过物质,并将其视为一种物质形式与过程。唯心论同时也反对现实主义的哲学观,后者认为在人类的认知中,我们对物体的理解与感知,与物体独立于我们心灵之外的实际存在是一致的。

马克思主义哲学则认为唯心论是哲学上的两大基本派别之一,是与唯物论对立的理论体系。唯心论在哲学基本问题上主张精神、意识的第一性,物质的第二性,也就是说,唯心论主张物质依赖意识而存在,物质是意识的产物的哲学派别,并认为可以区分为主观唯心论和客观唯心论两种基本类型。

无产阶级

根据马克思主义理论,无产阶级一词指不拥有生产资本,单纯靠出卖劳动力获取收入的劳动者。马克思主义理论把无产阶级划分为普通无产阶级和下层无产阶级。在实际使用的含义中,近似地等同于近代以来出现的,主要受雇于资本家,依靠雇佣工资生活的工人群体。在马克思的理论中,无产阶级是被资产阶级通过剥削其生产价值和工资之间的差异(剩余价值)以获得利润的对象,因此,其大多在生存水平线上挣扎,教育相对落后(除非有极佳的社会福利),直到难以生存时,便容易铤而走险,当人数够多时,便会起身革命,尝试推翻现有政府及资本家。在社会主义社会,工人阶级已摆脱了被剥削、被压迫的地位,成为掌握国家政权的领导阶级。

形而上（学）

形而上出自《易经·系辞》，原文为"形而上者谓之道，形而下者谓之器"。用现代的思维讲，形而下就是指具体的器物（可以拓展到感性的事物），形而上就是指比较抽象的规律（包含做人做事的原则）。形而上是精神方面的宏观范畴，用抽象（理性）思维，形而上者道理，起于学，行于理，止于道，故有形而上者谓之道；形而下是物质方面的微观范畴，用具体（感性）思维，形而下者器物，起于教，行于法，止于术，故有形而下者谓之器。

形而上学（metaphysics，意为"物理学之后"）是哲学术语，哲学史上指哲学中探究宇宙根本原理的部分。马克思认为形而上学是指与辩证法对立的，用孤立、静止、片面的观点观察世界的思维方式。黑格尔把形而上学作为与辩证法相对立的一种机械教条的研究方法来批判，因此，形而上学也可以被表述成为教条主义。

哲学

哲学是研究范畴及其相互关系的一门学问。范畴涉及到一门学科的最基本研究对象、概念和内容，哲学具有一般方法论的功能。

资本主义

资本主义，也被称为自由市场经济或自由企业经济，其特色是个人或是企业拥有资本财产，且投资活动是由个人决策左右，而非由国家所控制，一般并没有准确之定义，不同的经济学家也对资本主义有不同的定义。一般而言，资本主义指的是一种经济学或经济社会学的制度，在这样的制度下绝大部分的生产资料都归私人所有，并借着雇佣或劳动的手段以生产资料创造利润。在这种制度里，商品和服务借由货币在自由市场里流通。投资的决定由私人进行，生产和销售主要由公司和工商业控制并互相竞争，依照各自的利益采取行动。

资产阶级

资产阶级是指占有社会生产资料并使用雇佣劳动的现代资本家阶级，其本质是以生产资料为手段无偿占有雇佣工人的劳动，是现代社会中的主要剥削阶级。

柏拉图

柏拉图（约前427—前347），古希腊伟大的哲学家，也是全部西方哲学乃至整个西方文化最伟大的哲学家和思想家之一。他和老师苏格拉底、学生亚里士多德并称为古希腊三大哲学家。柏拉图出身于雅典贵族家庭，青年时师从苏格拉底。苏格拉底死后,他游历四方,曾到埃及、北非、小亚细亚沿岸和意大利南部从事政治活动,企图实现他的贵族政治理想。公元前387年活动失败后,游历12年的柏拉图逃回雅典,在一所称为阿卡德米的体育馆附近建立了一所学园,此后执教40年,直至逝世。他一生著述颇丰,其教学思想主要集中在《理想国》和《法律篇》中。柏拉图是西方客观唯心主义的创始人,其哲学体系博大精深,对其教学思想影响尤甚。柏拉图认为世界由"理念世界"和"现象世界"所组成。理念的世界是真实的存在,永恒不变,而人类感官所接触到的这个现实的世界,只不过是理念世界的微弱的影子,它由现象所组成,而每种现象是因时空等因素而表现出暂时变动等特征。由此出发,柏拉图提出了一种理念论和回忆说的认识论,并将它作为其教学理论的哲学基础。

但丁

但丁·阿利吉耶里(1265—1321),意大利中世纪诗人,现代意大利语的奠基者,欧洲文艺复兴时代的开拓人物,以史诗《神曲》留名后世。但丁被认为是意大利最伟大的诗人,也是西方最杰出的诗人之一,全世界最伟大的作家之一。恩格斯评价说:"封建的中世纪的终结和现代资本主义纪元的开端,是以一位大人物为标志的,这位人物就是意大利人但丁,他是中世纪的最后一位诗人,同时又是新时代的最初一位诗人"。

德谟克利特

德谟克利特（约公元前460—公元前370或公元前356），来自古希腊爱琴海北部海岸的自然派哲学家。德谟克利特是经验的自然科学家和第一个百科全书式的学者，古代唯物思想的重要代表。他是"原子论"的创始者，由原子论入手，他建立了认识论。他认为每一种事物都是由原子所组成的。原子不可分割，并不完全一样。在自然界中，每一件事的发生都有一个自然的原因，这个原因原本即存在于事物的本身。并在哲学、逻辑学、物理、数学、天文、动植物、医学、心理学、论理学、教育学、修辞学、军事、艺术等方面，他都有所建树。可惜大多数著作都散失了，至今只能看到若干残篇断简，这对理解他的思想造成了一定的困难。

德谟克利特的自然科学虽然也有类似实验解剖这样的科学结论，但是他在哲学上的大部分见解都与经验直接相关。他的原子论是受着水汽蒸发以及香味传递等感性直观，依赖哲学思维推测出来的，通过感官的参与，即经验，直接推测了原子论的可能，并由原子论进一步影响认识论等。说他是自然科学家，主要是缘于他对于自然科学起到的奠基作用，但是在哲学领域，他是个彻头彻尾的经验论者，在他那个年代的哲学家鲜有严谨依赖科学思维进行哲学结论的人，这是可想而知的。

恩格斯

弗里德里希·冯·恩格斯（1820—1895），德国思想家、哲学家、革命家，全世界无产阶级和劳动人民的伟大导师，马克思主义的创始人之一。恩格斯是卡尔·马克思的挚友，被誉为"第二提琴手"，他为马克思从事学术研究提供了大量经济上的支持。在马克思逝世后，将马克思的大量手稿、遗著整理出版，并且成为国际工人运动众望所归的领袖。

弗洛伊德

西格蒙德·弗洛伊德（1856—1939），犹太人，奥地利精神病医生及精神分析学家，精神分析学派的创始人，被称为"维也纳第一精神分析学派"以别于后来由此演变出的第二及第三学派。著有《性学三论》、《梦的释义》、《图腾与禁忌》、《日常生活的心理病理学》、《精神分析引论》、《精神分析引论新编》等。提出"潜意识"、"自我"、"本我"、"超我"、"俄狄浦斯情结"、"性冲动"、"心理防卫机制"等概念。其成就对哲学、心理学、美学甚至社会学、文学等都有深刻的影响，被世人誉为"精神分析之父"。但他的理论诞生至今，却一直饱受争议。

伏尔泰

伏尔泰（1694—1778），原名弗朗索瓦·马利·阿鲁埃，伏尔泰是他的笔名。法国启蒙时代思想家、哲学家、文学家，启蒙运动公认的领袖和导师。伏尔泰是十八世纪法国资产阶级启蒙运动的旗手，被誉为"法兰西思想之王"、"法兰西最优秀的诗人"、"欧洲的良心"。他不仅在哲学上有卓越成就，也以捍卫公民自由，特别是信仰自由和司法公正而闻名。尽管在他所处的时代，审查制度十分严厉，伏尔泰仍然公开支持社会改革。他的论说以讽刺见长，常常抨击天主教教会的教条和当时的法国教育制度。伏尔泰的著作和思想与托马斯·霍布斯及约翰·洛克一道，对美国革命和法国大革命的主要思想家都有影响。

傅立叶

夏尔·傅立叶（1772—1837），法国著名哲学家，经济学家，空想社会主义者。傅立叶出身于商人家庭。他批评当时资本主义社会的一些丑恶现象，希望建立一种以法伦斯泰尔为基层组织的社会主义社会，在这里个人利益和集体利益是一致的。揭露资本主义的罪恶，主张建立一个社会主义社会，但幻想通过宣传和教育来实现。强调妇女解放，提出妇女解放的程度是人民是否彻底解放的准绳。

海德格尔

马丁·海德格尔（1889—1976），德国哲学家，20世纪存在主义哲学的创始人和主要代表之一。出生于德国西南巴登邦弗赖堡附近的梅斯基尔希的天主教家庭,逝于德国梅斯基尔希。他在现象学、存在主义、解构主义、诠释学、后现代主义、政治理论、心理学及神学领域都有举足轻重的影响。此外,他还著有《存在与时间》一书,本书深深影响了20世纪哲学,尤其是存在主义、解释学和解构主义。

黑格尔

格奥尔格·威廉·弗里德里希·黑格尔(1770—1831),德国哲学家,出生于德国西南部巴登-符腾堡州首府斯图加特。18岁时,他进入蒂宾根大学学习,在那里,他与荷尔德林、谢林成为朋友,同时,为斯宾诺莎、康德、卢梭等人的著作和法国大革命深深吸引。许多人认为,黑格尔的思想,象征着19世纪德国唯心主义哲学运动的顶峰,对后世哲学流派,如存在主义和马克思的历史唯物主义都产生了深远的影响。更有甚者,由于黑格尔的政治思想兼具自由主义与保守主义两者之要义,因此,对于那些因看到自由主义在承认个人需求、体现人的基本价值方面的无能为力,而觉得自由主义正面临挑战的人来说,他的哲学无疑是为自由主义提供了一条新的出路。1807年,黑格尔出版了第一部作品《精神现象学》。《精神现象学》是一段伟大的概念旅程,带领我们从最基本的人类意识概念,走向最包罗万象而复杂的人类意识概念。

康德

伊曼努尔·康德（1724—1804），德国哲学家、天文学家，是星云假说的创立者之一、德国古典哲学的创始人、唯心主义者、不可知论者，德国古典美学的奠定者。他被认为是现代欧洲最具影响力的思想家之一，也是启蒙运动最后一位主要哲学家。康德哲学理论的一个基本出发点是认为将经验转化为知识的理性是人与生俱来的，没有先天的范畴我们就无法理解世界。他的这个理论结合了英国经验主义与欧陆的理性主义，对德国唯心主义与浪漫主义影响深远。

康德的一生可以以1770年为标志分为前期和后期两个阶段，前期主要研究自然科学，后期则主要研究哲学。前期的主要成果有1755年发表的《自然通史和天体论》，其中提出了太阳系起源的星云假说。在后期，从1781年开始的9年里，康德出版了一系列涉及领域广阔、有独创性的伟大著作，给当时的哲学思想带来了一场革命，它们包括《纯粹理性批判》（1781年）、《实践理性批判》（1788年）和《判断力批判》（1790年）。"三大批判"的出版标志着康德哲学体系的完成。三大批判分别探讨了认识论、伦理学以及美学。

政治上，康德是一名自由主义者，他支持法国大革命以及共和政体，在1795年他还出版过《论永久和平》一书，提出议制政府与世界联邦的构想。其生前最后一本有代表性的著作是《人类学》（1798年），一般认为该书是对整个学说的概括和总结。康德晚年已经以一名出色的哲学家闻名于世，他去世后，人们为他举行了隆重的葬礼。

孔子

孔子（前551年9月28日，即农历八月廿七——前479年4月11日，即农历二月十一），名丘，字仲尼，汉族，春秋时期鲁国陬邑（今山东曲阜市南辛镇）人，先祖为宋国（今河南商丘）贵族。春秋末期的思想家和教育家、政治家，儒家思想的创始人。孔子集华夏上古文化之大成，在世时已被誉为"天纵之圣"、"天之木铎"，是当时社会上的最博学者之一，被后世统治者尊为孔圣人、至圣、至圣先师、万世师表，是"世界十大文化名人"之首。孔子的儒家思想对中国和朝鲜半岛、日本、越南等地区有深远的影响。

老子

老子即李耳，字聃，一字或曰谥伯阳。汉族，楚国苦县历乡曲仁里（今河南省鹿邑市太清宫镇）人，约生活于公元前571年至公元前471年之间，是我国古代伟大的哲学家和思想家、道家学派创始人，被唐朝帝王追认为李姓始祖。老子故里苦县亦因老子先后更名为真源县、卫真县，并在鹿邑市留下许多与老子相关的珍贵文物。老子乃世界文化名人，世界百位历史名人之一，存世有《道德经》（又称《老子》），其作品的精华是朴素的辩证法，主张无为而治，其学说对中国哲学发展具有深刻影响。在道教中老子被尊为道祖。

卢梭

让·雅克·卢梭（1712—1778），启蒙时代瑞士裔的法国思想家、哲学家、政治理论家和作曲家，是18世纪法国大革命的思想先驱，启蒙运动最卓越的代表人物之一。其论文《科学和艺术的进步对改良风俗是否有益》及《论人类不平等的起源与基础》确定了他在哲学史上的地位；他的《社会契约论》的人民主权及民主政治哲学思想深刻影响了启蒙运动、法国大革命和现代政治、哲学和教育思想。此外，他还著有《爱弥儿》、《忏悔录》、《新爱洛伊斯》、《植物学通信》等著作。

罗莎·卢森堡

罗莎·卢森堡（1871—1919），国际共产主义运动史上杰出的马克思主义思想家、理论家、革命家，德国社会民主党和第二国际左派领袖，被列宁誉为"革命之鹰"。在反对资本主义、修正主义和帝国主义世界大战的暴风骤雨中，始终英勇斗争，不畏强暴，展现了高度的革命乐观主义精神。1871年3月5日，出生于俄国占领下的波兰扎莫希奇的一个犹太人家庭，她原是波兰立陶宛王国社会民主党理论家。1898年移居德国柏林，并加入德国社会民主党，是党内的社会民主理论家。1914年，当德国社会民主党宣布支持德国参与第一次世界大战时，她和卡尔·李卜克内西合作成立马克思主义革命团体"斯巴达克同盟"，与社民党内以艾伯特为代表的右倾势力斗争。该组织于1919年1月1日转为德国共产党。1918年11月，在德国革命期间，她创办了《红旗报》，作为左翼的中央机构。1915年—1918年间被多次关押。罗莎·卢森堡起草了德国共产党党纲。她认为1919年1月柏林的斯巴达克起义是一个错误，但起义开始后她还是加以支持。当起义被自由军团镇压时，卢森堡、李卜克内西与其他数百位支持者被逮捕，遭到严刑拷打并被杀害。

马克思

卡尔·亨利希·马克思（1818—1883），马克思主义的创始人，第一国际的组织者和领导者，全世界无产阶级和劳动人民的伟大导师、政治家、哲学家、经济学家、革命理论家。主要著作有《资本论》、《共产党宣言》。他是无产阶级的精神领袖，是当代共产主义运动的先驱，支持他理论的人被视为马克思主义者。马克思最广为人知的哲学理论是他对于人类历史进程中阶级斗争的分析。他认为几千年以来，人类发展史上最大的矛盾与问题就在于不同阶级之间的利益掠夺。依据历史唯物论，马克思曾大胆地假设，资本主义终将被共产主义所取代。

孟德斯鸠

查理·路易·孟德斯鸠（1689—1755），法国启蒙思想家，社会学家，是西方国家学说和法学理论的奠基人。1748年他出版了《论法的精神》，全面分析了三权分立的原则。伏尔泰夸赞这本篇幅巨大、包罗万象的著作是"理性和自由的法典"。

尼采

弗里德里希·威廉·尼采（1844—1900），德国著名哲学家，西方现代哲学的开创者，同时也是卓越的诗人和散文家，他的著作对于宗教、道德、现代文化、哲学，以及科学等领域提出了广泛的批判和讨论。他的写作风格独特，经常使用格言和悖论的技巧。尼采对于后代哲学的发展影响极大，尤其是在存在主义与后现代主义上。他最早开始批判西方现代社会，然而他的学说在他的时代却没有引起人们的重视，直到20世纪，才激起深远的调门各异的回声。后来的生命哲学、存在主义、弗洛伊德主义、后现代主义，都以各自的形式回应尼采的哲学思想。尼采著有

《悲剧的诞生》、《查拉图斯特拉如是说》、《偶像的黄昏》等著作。

欧文

罗伯特·欧文（1771—1858），英国乌托邦社会主义者，也是一位企业家、慈善家。欧文在历史上第一次揭示了无产阶级贫困的原因，并从生产力的角度提出公有制与大生产的紧密关系，他晚年还提出过共产主义主张。他最著名的著作为《新社会观》、《新道德世界书》。罗伯特·欧文是历史上第一个创立学前教育机关（托儿所、幼儿园）的教育理论家和实践者。教育与生产劳动相结合，是欧文对人类教育理论宝库的一大贡献。他认为，要培养智育、德育、体育全面发展的一代新人，必须把教育与生产劳动结合起来。

培根

弗朗西斯·培根（1561—1626），英国哲学家、思想家、作家和科学家，是古典经验论的始祖。他不但在文学、哲学上多有建树，在自然科学领域里，也取得了重大成就。培根是一位经历了诸多磨难的贵族子弟，复杂多变的生活经历丰富了他的阅历，随之而来的是他的思想成熟，言论深邃，富含哲理。他是一位理性主义者而不是迷信的崇拜者，是一位经验论者而不是诡辩学者；在政治上，他是一位现实主义者而不是理论家。他在逻辑学、美学、教育学方面也提出许多思想。他著有《新工具》、《论说随笔文集》等著作，此外，他还有许多名言为众人所知，"知识就是力量"就是其中最著名的一句名言。

圣西门

克劳德·昂列·圣西门（1760—1825），法国哲学家、经济学家、社会改革家、空想社会主义者。与实证主义创始人奥古斯特·孔德相熟，曾聘其为秘书。圣西门出身贵族，曾参加法国大革命，还参加过北美独立战争。他抨击资本主义社会，致力于设计一种新的社会制度，并花掉了他的全部家产。在他所设想的社会中，人人劳动，没有不劳而获，没有剥削，没有压迫。圣西门一生写了许多著作，但直到1825年4月发表的《新基督教》这部圣西门最后的著作，才标志着他创建的空想社会主义大厦的完成。

叔本华

亚瑟·叔本华（1788—1860），德国著名哲学家，他继承了康德对于现象和物自体之间的区分。不同于他同代的费希特、谢林、黑格尔等取消物自体的做法，他坚持物自体，并认为它可以通过直观而被认识，将其确定为意志。意志独立于时间、空间，所有理性、知识都从属于它，人们只有在审美的沉思时才能逃离其中。叔本华将他著名的极端悲观主义和此学说联系在一起,认为意志的支配最终只能导致虚无和痛苦。他对心灵屈从于器官、欲望和冲动的压抑、扭曲的理解预言了精神分析学和心理学。他的代表著作有《作为意志和表象的世界》等。

苏格拉底

苏格拉底(公元前469—公元前399),古希腊著名的思想家、哲学家、教育家,他和他的学生柏拉图,以及柏拉图的学生亚里士多德被并称为"古希腊三贤",更被后人广泛认为是西方哲学的奠基者。身为雅典的公民,据记载,苏格拉底最后被雅典法庭以引进新的神和腐蚀雅典青年思想之罪名判处死刑。尽管他曾获得逃亡雅典的机会,但苏格拉底仍选择饮下毒堇汁而死,因为他认为逃亡只会进一步破坏雅典法律的权威,同时也是因为担心他逃亡后雅典将再没有好的导师可以教育人们了。

亚当·斯密

亚当·斯密(1723—1790),苏格兰哲学家和经济学家,是经济学的主要创立者。他所著的《国富论》成为了第一本试图阐述欧洲产业和商业发展历史的著作。这本书发展出了现代的经济学学科,也提供了现代自由贸易、资本主义和自由意志主义的理论基础。

亚里士多德

亚里士多德（公元前384—公元前322），古希腊斯吉塔拉人，世界古代史上最伟大的哲学家、科学家和教育家之一。是柏拉图的学生，亚历山大大帝的老师。公元前335年，他在雅典办了一所叫吕克昂的学校，被称为逍遥学派。马克思曾称亚里士多德是古希腊哲学家中最博学的人物，恩格斯称他是古代的黑格尔。作为一位最伟大的、百科全书式的科学家，亚里士多德对世界的贡献无人可比。他对哲学的几乎每个学科都作出了贡献。他的写作涉及伦理学、形而上学、心理学、经济学、神学、政治学、修辞学、自然科学、教育学、诗歌、风俗，以及雅典宪法。

《1844年经济学哲学手稿》

《1844年经济学哲学手稿》是卡尔·马克思在年轻时代为了总结自己的思想和弄清思考的问题而写的一个未完成的手稿，由三个部分组成，这是一部研究政治经济学和哲学的著作。该手稿中，马克思根据当时情况，对一系列德国的古典哲学（包括黑格尔的辩证法、费尔巴哈的唯物论）、英国的古典政治经济学（亚当·斯密）以及法国的空想社会主义进行批判性整合。该手稿可以反映出马克思已经完全脱离了黑格尔的理论。

《德法年鉴》

《德法年鉴》是德国"第一个社会主义的刊物"。1844年2月底只在巴黎用德文出版了1—2期合刊号,主编是阿·卢格和马克思。由于当时卢格患病,这一期合刊主要是由马克思编辑的。这期合刊包括卢格写的《德法年鉴》计划、杂志撰稿人之间的8封通信、马克思的著作《〈黑格尔法哲学批判〉导言》和《论犹太人问题》、恩格斯的著作《政治经济学批判大纲》和《英国状况》,以及其他人写的三篇文章、两首诗、一份官方判决书和编后记《刊物的展望》。马克思和恩格斯在《德法年鉴》上发表的文章表明,他们最终完成了从革命民主主义向共产主义的转变。

《德意志意识形态》

《德意志意识形态》是一本哲学巨著文本,于1845年由马克思和恩格斯合著,于1932年在莫斯科出版。在1847年,《德意志意识形态》的部分内容在《威斯特伐里亚汽船》杂志8月和9月号发表过。本书第一次系统阐述了历史唯物主义的基本原理,如社会存在决定社会意识、生产方式在社会生活中起决定作用、生产关系必须适合生产力的发展等,标志着马克思主义哲学的成熟。此外,本书还批判地分析了当时的费尔巴哈、鲍威尔及施蒂纳的唯心主义历史观,批判了真正的社会主义或德国社会主义的各种代表哲学观点,表达了对科学社会主义的认识。

《反杜林论》

《反杜林论》是恩格斯于1876年5月底至1878年7月初的著作,是一部伟大的马克思主义著作,是马克思主义发展史上的一座丰碑。

《共产党宣言》

《共产党宣言》是无产阶级革命导师马克思、恩格斯受"共产主义者同盟"1847年12月伦敦第二次代表大会的委托,于1847年11月—1848年1月间共同撰写的关于科学共产主义的第一个纲领性文献。它是国际共产主义运动的第一个纲领性文献,是一部划时代的光辉文献。《共产党宣言》以辩证唯物主义与历史唯物主义为理论基础,以阶级斗争为线索,解剖了资本主义制度,阐明了资本主义的发生、发展和必然灭亡的客观规律;阐明了无产阶级作为资本主义掘墓人和共产主义创建者的伟大历史使命;论证了无产阶级革命和无产阶级专政是无产阶级获得解放的唯一道路;批判了打着社会主义招牌的同科学共产主义相对立的各种流派的所谓理论;奠定了无产阶级政党的学说,并确立了党的战略、策略、原则。

《关于费尔巴哈的提纲》

《关于费尔巴哈的提纲》写于1845年春,马克思生前未发表过。最早发表于1888年，恩格斯在《路德维希·费尔巴哈和德国古典哲学的终结》的序言中称这个文件为"关于费尔巴哈的提纲"，并作为该书的附录首次发表。它被恩格斯称为"包含着新世界观的天才萌芽的第一个文件"，"历史唯物主义的起源"。《关于费尔巴哈的提纲》和《德意志意识形态》一起被公认为是马克思主义哲学，特别是唯物史观创立的基本标志。

《莱茵报》

《莱茵报》，《莱茵政治、商业和工业日报》的简称，"德国现代期刊的先声"（恩格斯语，《马克思恩格斯选集》第1卷第514页）。

《路德维希·费尔巴哈和德国古典哲学的终结》

《路德维希·费尔巴哈和德国古典哲学的终结》是恩格斯为论述马克思主义哲学同德国古典哲学的关系，阐明马克思主义哲学基本原理而写的一部重要的哲学著作。写于1886年，同年发表在德国社会民主党理论杂志《新时代》的第4—5期上。1888年出版单行本。20世纪20年代末30年代初传入中国，曾出版过林超真、彭嘉生、张仲实等人的6种译本。这本著作全面论述了马克思主义哲学和黑格尔、费尔巴哈哲学之间的批判继承关系，系统阐述了辩证唯物主义和历史唯物主义的基本原理，具体说明了马克思主义哲学产生的理论来源和自然科学基础，深刻分析了马克思主义哲学在哲学领域中革命变革的实质。

《前进报》

德国社会主义工人党中央机关报，1876年10月1日创刊。1875年5月召开的德国社会民主党和全德工人联合会哥达合并大会决定，两派的机关报暂时并列为新成立的社会主义工人党的机关报。

《人权宣言》

《人权宣言》，1789年8月26日颁布，是在法国大革命时期颁布的纲领性文件。《人权宣言》以美国的《独立宣言》为蓝本，采用18世纪的启蒙学说和自然权论，宣布自由、财产、安全和反抗压迫是天赋不可剥夺的人权，肯定了言论、信仰、著作和出版自由，阐明了司法、行政、立法三权分立，法律面前人人平等，私有财产神圣不可侵犯等原则。

《神圣家族》

《神圣家族》是一本由马克思和恩格斯在1844年11月创作的书。这本书对青年黑格尔派及其在当时学术界极其流行的思想潮流进行了批判。该书的名称是由出版商提议取的，并用作讽刺鲍威尔兄弟及其支持者。该书引发了争议并使得鲍威尔对此进行了反驳。鲍威尔称马克思和恩格斯误解了自己的说法。马克思之后在《德意志意识形态》中讨论了相关问题。

《政治经济学批判大纲》

《政治经济学批判大纲》是恩格斯的第一篇经济学著作。写于1843年底至1844年1月，1844年2月发表在《德法年鉴》上。中译本收入人民出版社1956年出版的《马克思恩格斯全集》第1卷。研究了资本主义社会经济制度和资产阶级政治经济学的基本范畴，论述了消灭私有制的必要性，对社会主义革命作了初步论证，是马克思主义发展史上第一篇经济学著作。

《资本论》

《资本论》是马克思的著作，以唯物史观的基本思想为指导，通过深刻分析资本主义生产方式，揭示了资本主义社会发展的规律，同时也使唯物史观得到了科学的验证和进一步的丰富发展。《资本论》运用唯物史观的观点和方法，将社会关系归结为生产关系，将生产关系归结于生产力的高度，从而证明了社会形态的发展是一个不以人的意志为转移的自然历史过程。

《自然辩证法》

《自然辩证法》是德国哲学家弗里德里希·恩格斯一部尚未

完成的著作，是恩格斯多年来对自然科学研究的总结。对19世纪中期的主要自然科学成就用辩证唯物主义的方法进行了概括，并批判了自然科学中的形而上学和唯心主义的观念。在恩格斯去世后，1896年发表了其中一篇论文《劳动在从猿到人转变过程中的作用》，1898年发表了其中另一篇论文《神灵世界中的自然科学》，直到1925年才在前苏联出版的德文和俄文译本对照的《马克思恩格斯文库》中全文发表。